「ウルトラマンA《エース》」の葛《かっ》藤《とう》

白石雅彦

双葉社

まえがき

『ウルトラマンA《エース》』は、一九七二（昭和四七）年四月七日から、七三年三月三〇日までの毎週金曜日夜七時から七時三〇分まで、TBS系列で放送された特撮テレビ番組である。

本書『「ウルトラマンA」の葛藤』は、この番組の成立から終焉までを描くドキュメンタリーだ。

『ウルトラマンA』が放送された頃、日本は前年から始まった第二次怪獣ブームの渦中にあった。ブーム再燃の原動力となったのは、七〇年に円谷プロが制作した『ウルトラファイト』（注一）である。五分枠の帯番組ながら、小学校低学年児童の間で人気を呼び、それを見た講談社は『ウルトラ怪獣絵本』を刊行する（注二）。そして玩具メーカーのブルマァク（『ウルトラファイト』のスポンサーであった）は、第一次怪獣ブーム時に人気商品だった、怪獣のソフトビニール人形を前年に復刻していた。また、駄菓子屋では五円引きの怪獣カードが人気を呼んでいた。こうした追い風を受け、TBSは『帰ってきたウルトラマン』の制作を決定する。その動きを見たフジテレビは、ピー・プロダクションと組んで『宇宙猿人ゴリ』を制作、七一年一月二日に放送を開始する。四月には『帰ってきたウルトラマン』と東映制作の『仮面ライダー』がスタートし、この三作品が第二次怪獣ブーム（変身ブーム）を巻き起こしたのである（注三）。この年は他に『好き！ すき!! 魔女先生』（東映）、『シルバー仮面』

（注一）
七〇年九月二八日〜七一年九月二四日。
※本書の脚注では、TBS系列放送の番組は局名を省略する。

（注二）
『ウルトラファイト』放送以前に刊行されていた『ウルトラマンとウルトラセブンの怪獣絵本』『ウルトラ怪獣ブック』が、それぞれ一号、二号扱いとなり、『ウルトラ怪獣絵本』は三号からとなった。

（注三）
『帰ってきたウルトラマン』七一年四月二日〜七二年三月三一日。『宇宙猿人ゴリ』七一年一月二日〜七二年三月二五日、フジテレビ系列。『仮面ライダー』七一年四月三日〜七三年二月十日、NET（現・テレビ朝日）系列。

(宣弘社)、『ミラーマン』（円谷プロ）といった作品がブラウン管に登場、ブームを後押しした（注四）。

映画では大映最後のガメラ映画となった『ガメラ対深海怪獣ジグラ』（七月十七日公開）、当時、社会問題となっていた公害を扱った『ゴジラ対ヘドラ』（七月二四日公開、東宝）が公開されている（注五）。

同じジャンルの作品を制作する場合、前作、あるいは他の作品との差別化が重要になる。『ゴジラ対ヘドラ』同様公害問題を扱い、悪役をタイトルに持ってきた『宇宙猿人ゴリ』、スポ根的スタイルを組み入れ、人間ドラマの充実を図った『帰ってきたウルトラマン』、改造人間同士が戦うという斬新なフォーマットの怪奇アクション『仮面ライダー』、学園ファンタジーの『好き！ すき!! 魔女先生』、光子ロケットの秘密を求めて日本各地をさすらう春日兄妹と宇宙人の戦いを描いた等身大特撮ヒーロー『シルバー仮面』、二次元人と地球人のハーフが、地球侵略を企むインベーダーと戦うSF色の強い『ミラーマン』といった具合に、ここに列記した作品は、それぞれ他と異なる特色を有した番組だったということがおわかりだろう。

七二年に入ると、第二次怪獣ブームは絶頂期を迎えたと言ってよく、前年以上にバラエティに富んだ番組がブラウン管を賑わした。初の変身特撮時代劇で、ヒーロー、ライオン丸に対し、アンチヒーロー、タイガージョーが登場する『快傑ライオン丸』、少年二人が合体変身し、怪人ならぬドルゲ魔人と戦う『超人バロム・1』、東映初の変身特撮時代劇『変身忍者 嵐』、

（注四）
『好き！すき!! 魔女先生』七一年十月三日～七二年三月二六日。
『シルバー仮面』七一年十一月二八日～七二年五月二一日。
『ミラーマン』七一年十二月五日～七二年十一月二六日、フジテレビ系列。

（注五）
『ガメラ対深海怪獣ジグラ』監督・湯浅憲明。
『ゴジラ対ヘドラ』監督・坂野義光。

（注六）
『快傑ライオン丸』七二年四月一日～七三年四月七日、フジテレビ系列。
『超人バロム・1』七二年四月二日～十一月二六日、日本テレビ系列。
『変身忍者 嵐』七二年四月七日～七三年二月二三日、NET系列。
『トリプルファイター』七二年七月三日～十二月二九日。
『怪奇大作戦』六八年九月十五日～六九年三月九日。

男性二人と女性一人の兄妹が合体変身する『トリプルファイター』、子供向けの『怪奇大作戦』として企画され、CB無線を使った通信が新鮮だった『緊急指令10‐4・10‐10』、不完全な良心回路を持った人造人間キカイダーが、プロフェッサー・ギルの送り込む怪獣ロボット（ダークロボット）と戦う『人造人間キカイダー』、等身大から巨大ヒーローに二段変身するサンダーマスクが魔獣と戦う『サンダーマスク』、主人公が七タイプのヒーローに変身する『愛の戦士レインボーマン』、公開録画番組として制作された『突撃！ヒューマン‼』、国家警備機構の静弦太郎が主人公で、巨大ヒーローは脇に回った異色作『アイアンキング』、さらには子供向け情報番組『おはよう！こどもショー』内の特撮コーナー『レッドマン』『行け！ゴッドマン』もあり、月曜から日曜まで毎日特撮番組が見られるという、ファンにとっては至福の時代だったのである（注六）。

この年の映画に目を向けると、東宝は『地球攻撃命令 ゴジラ対ガイガン』（三月十二日公開）、東映はテレビで大人気を博していた『仮面ライダー』の映画版『仮面ライダー対ショッカー』（三月十八日公開）、『仮面ライダー対じごく大使』（七月十六日公開）の二本をスクリーンに登場させた。また円谷プロは、翌年に会社創立十周年を迎えることから、同社初のオリジナル映画『怪獣大奮戦 ダイゴロウ対ゴリアス』を十二月十七日に公開している（注七）。

これら四本の映画は、いずれも低年齢の子供を対象とした作品だ。これは第一次怪獣ブームに比べ、第二次ブームを牽引した年齢層が低下したことを意味している。

このような時期にスタートした『ウルトラマンA』は、他番組との差別化、視聴年齢層の

『緊急指令10‐4・10‐10』七二年七月三日～十二月二五日、NET系列。

『人造人間キカイダー』七二年七月八日～七三年五月五日、NET系列。

『サンダーマスク』七二年十月三日～七三年三月二七日、日本テレビ系列。

『愛の戦士レインボーマン』七二年十月六日～七三年九月二八日、NET系列。

『突撃！ヒューマン‼』七二年十月七日～十二月三〇日、日本テレビ系列。

『アイアンキング』七二年十月八日～七三年四月八日。

『おはよう！こどもショー』六五年十一月八日～八〇年九月二八日、日本テレビ系列。『レッドマン』は七二年四月二四日～十月三日、『行け！ゴッドマン』は七二年十月五日～七三年九月二八日。

（注七）
『地球攻撃命令 ゴジラ対

低下という二つの問題をクリアするために、いくつかの斬新な設定を試みている。男女合体変身、ウルトラ兄弟の登場、怪獣を超える超獣の登場、シリーズ初の共通の敵、ヤプールの存在などがそうである。ヒーロー、ウルトラマンAのデザインも戦闘的で派手になり、多彩な光線技や切断技を繰り出して子供達の目を楽しませた。

TBS側のプロデューサーは『帰ってきたウルトラマン』と同じ橋本洋二、円谷プロ側は熊谷健。メインライターは『胡椒息子』や『刑事くん』（注八）等の橋本プロデュース作品で頭角を現していた市川森一。それに前作『帰ってきたウルトラマン』のメインライターだった上原正三と、円谷プロ所属の田口成光がサポートに回るという万全の布陣で企画された『ウルトラマンA』は、第二次怪獣ブームの旗頭となるべき番組だった。だが、多大な期待を背負ってブラウン管に登場した番組は、苦難の道のりをたどることになる。

本書はその道のりを描くドキュメンタリーであり、当時の関係者の証言、企画書や脚本などの各種資料、参考文献を基に執筆した。

本文はプロローグを含む五つのパートで構成されている。

プロローグ「銀色《シルバー》の力」は、『ウルトラマンA』ではなく、橋本洋二が佐々木守脚本、実《じっ》相寺《そうじ》昭雄監督のコンビで送り出した異色の特撮ヒーロードラマ『シルバー仮面』について紙面を割いている。『シルバー仮面』は円谷プロではなく、広告代理店の宣弘社制作なのだが、『ウルトラマンA』に至るスタッフの動きを知る上で欠かせない作品である。と同時に、筆者の前作『「帰ってきたウルトラマン」の復活』では、『シルバー仮面』の裏番組となってし

ガイガン』監督・福田純。
『仮面ライダー対ショッカー』『仮面ライダー対じごく大使』ともに監督・山田稔。
『怪獣大奮戦ダイゴロウ対ゴリアス』監督・飯島敏宏。

（注八）
『胡椒息子』六九年七月七日〜十月二七日。
『刑事くん』七一年九月六日〜七六年十一月二九日（全四部）。

まった『ミラーマン』成立までの動きを追ったので、逆の視点から眺めるという狙いもあった。なお、プロローグは、宣弘社の協力を仰いで執筆されている。この場を借りて、改めて感謝したい。

第一部「完全なる超人」は、『ウルトラマンA』の企画時から、第十話「決戦！エース対郷秀樹」まで、番組の世界観を固める大切な時期のスタッフの苦闘を追った。

第二部「迷走する超人」は、視聴率的に苦戦していた番組の問題点と、メインライターであった市川森一の降板、その後の番組の展開、そして第二三話「逆転！ゾフィ只今参上」、第二四話「見よ！真夜中の大変身」という二本の異色作に込められた監督、真船禎《まふねただし》の思いを明らかにしている。

第三部「片翼の超人」は、ウルトラの父の登場、南夕子の退場、〝ウルトラ6番目の弟〟の登場と、番組の設定自体は大きく揺れながらも、安定した視聴率を獲得していた、言わば黄金時代の作品群を考察している。

第四部「慈愛の超人」は、第三八話「復活！ウルトラの父」以後、石堂淑朗《としろう》がメインライターとなって番組の色を変えていく過程と、市川森一の復帰、そしてウルトラマンA最後の戦いを描く。

本書は『「ウルトラQ」の誕生』から始まるシリーズの六作目であるが、単独で読んでも充分に楽しんで頂ける内容になっていると思う。そして『ウルトラマンA』に関しては、制作者側の視点に立って描いた内容の書物はこれまで皆無と言ってよく、度重なる路線変更の過程も細部に亘って検証しているので、既存の関連本以上に、番組の全体像を見渡すことが出来るのではないだろうか。

今回新たに取材した関係者は、プロデューサーの橋本洋二、監督の山際永三、真船禎、脚本の田口成光、特殊美術デザイナーの井口昭彦、小学館の学年誌『小学三年生』の編集者だった上野明雄の六氏である。

『ウルトラマンA』が放送されたのは五〇年前であり、残念ながら多くの関係者はすでに鬼籍に入っている。しかし幸いにも、筆者が過去に行ったインタビューの記事が残っており、円谷プロ側プロデューサーの熊谷健、脚本の市川森一、上原正三、石堂淑朗、佐々木守の五氏は、そのテキストを一部採録した。引用元は『KODANSHA Official File Magazine ULTRAMAN』シリーズ（講談社刊）と、拙著『怪奇大作戦大全』『帰ってきたウルトラマン大全』（注九）である。

石堂淑朗インタビューに関しては、『ウルトラマンA』ではなく別番組のものだが、そもそも前記二冊のインタビューでの筆者の狙いは、番組という枠を越えた氏の作劇方法、世界観を明らかにしようというものであった。『ウルトラマンA』の担当回をご覧頂ければ、氏の脚本は、たとえ別作品であっても、変わらぬ濃厚な石堂ワールドを形成していることがわかるだろう。

引用箇所全般については凡例（脚本ほか印刷時期一覧の後に掲載）に示したルールに従っている。筆者がインタビューと構成を担当した記事に関しては、わかりやすいように、発言

（注九）『怪奇大作戦大全』荻野友大、なかの★陽との共著。『帰ってきたウルトラマン大全』荻野友大との共著。

の前に名前を加えた。例えば〝市川　悪魔がこの世を乗っ取りにきて、地獄と化していく〟

という引用があった場合、原書に〝市川〟という名前は入っていない。また、インタビュー

記事の定番である〝(笑)〟という表現に関しては、ドキュメンタリーという形式の本書には

違和感があったので、省略させて頂いた。無論、それ以外の引用に関しては、手を加えてい

ない。

また、ウルトラ兄弟の表記であるが、例えば『帰ってきたウルトラマン』に登場するヒーローは、ウルトラマンジャックが現在の公式名称であるが、本書は番組制作時にフォーカスした内容である。そこで兄弟の名称が登場する場合には、当時の企画書や脚本に従ってジャックは〝帰ってきたウルトラマン〟〝ウルトラマン2世〟、ウルトラマンは〝初代ウルトラマン〟などと表記している。

本書はドキュメンタリーであり、各種資料や証言などを検証し、推論した部分に関しては、出来る限り中立な視点で描いたが、同時に各エピソードに関する評論も行っている。この評論部分に関しては、筆者の主観が入り込んでいる部分があることをあらかじめご了承願いたい。なお、本文中の敬称は省略させて頂いた。

最後に、本書で展開する説は、あくまで筆者個人の考えであり、円谷プロの公式見解でないことをあらかじめお断りしておく。

目次

『ウルトラマンA』放送リスト（TBS系金曜19：00〜）

放送日	話数	タイトル	別タイトル※	脚本	監督	特殊技術	登場超獣、怪獣、宇宙人	視聴率
1972年4月7日	1	輝け！ ウルトラ五兄弟	緑の星に生まれた子よ！	市川森一	筧正典、満田稰	佐川和夫	ベロクロン	28.8
4月14日	2	大超獣を越えてゆけ！	空を破って悪魔が来た	上原正三	筧正典、満田稰	佐川和夫	カメレキング	22.6
4月21日	3	燃えろ！ 超獣地獄	超獣を見た！	田口成光	山際永三	佐川和夫	バキシム	17.8
4月28日	4	3億年超獣出現！		市川森一	山際永三	佐川和夫	ガラン	16.2
5月5日	5	大蟻超獣対ウルトラ兄弟	ウルトラの赤い手袋	上原正三	真船禎	大平隆	ギロン人、アリブンタ	17.6
5月12日	6	変身超獣の謎を追え！	還ってきた宇宙飛行士	田口成光	真船禎	大平隆	ブロッケン	17.4
5月19日	7	怪獣対超獣対宇宙人		市川森一	筧正典	佐川和夫	ドラゴリー、メトロン星人Jr、ムルチ（2代目）	18.3
5月26日	8	太陽の命 エースの命	太陽の命・エースの命	上原正三	筧正典	佐川和夫	ドラゴリー、メトロン星人Jr、ムルチ（2代目）	19.9
6月2日	9	超獣10万匹！ 奇襲計画		市川森一	山際永三	田渕吉男	ガマス	16.8
6月9日	10	決戦！ エース対郷秀樹		田口成光	山際永三	田渕吉男	ザイゴン、アンチラ星人	16.6
6月16日	11	超獣は10人の女？		上原正三	平野一夫	佐川和夫	ユニタング	17.2
6月23日	12	サボテン地獄の赤い花		上原正三	平野一夫	佐川和夫	サボテンダー	14.5

6月30日	13	死刑！ウルトラ5兄弟		田口成光	吉野安雄	佐川和夫	バラバ	18.0
7月7日	14	銀河に散った5つの星		市川森一	吉野安雄	佐川和夫	バラバ、エースキラー、エースロボット	17.1
7月14日	15	夏の怪奇シリーズ 黒い蟹の呪い		田口成光	山際永三	田渕吉男	キングクラブ	18.3
7月21日	16	夏の怪奇シリーズ 怪談・牛神男		石堂淑朗	山際永三	田渕吉男	カウラ、牛神男	18.0
7月28日	17	夏の怪奇シリーズ 怪談 ほたるヶ原の鬼女	怪談・ほたるケ原の鬼女	上原正三	真船禎	高野宏一	ホタルンガ、鬼女	14.7
8月4日	18	鳩を返せ！		田口成光	真船禎	高野宏一	ブラックピジョン	14.3
8月11日	19	河童屋敷の謎	青い渦が死を招く！	斎藤正夫	筧正典	佐川和夫	キングカッパー、アンドロイド	16.1
8月18日	20	青春の星 ふたりの星	青春の星・ふたりの星	田口成光	筧正典	佐川和夫	ゼミストラー	15.3
8月25日	21	天女の幻を見た！		石堂淑朗	山際永三	川北紘一	アプラサール、天女アプラサ	15.6
9月1日	22	復讐鬼ヤプール		上原正三	山際永三	川北紘一	ブラックサタン、宇宙仮面	16.7
9月8日	23	逆転！ゾフィ只今参上	セブンよ異時元へ飛べ！	真船禎	真船禎	高野宏一	巨大ヤプール、謎の老人	19.9
9月15日	24	見よ！真夜中の大変身		平野一夫、真船禎	真船禎	高野宏一	マザリュース、マザロン人、妖女、謎の老人	20.3
9月22日	25	ピラミッドは超獣の巣だ！※※		斎藤正夫	筧正典	川北紘一	スフィンクス、オリオン星人	18.5
9月29日	26	全滅！ウルトラ5兄弟		田口成光	筧正典	川北紘一	ヒッポリト星人	22.8

※一部の脚本に見られる表記。　※※クレジットでは「ピラミット」となっている。

放送日	話数	タイトル	別タイトル	脚本	監督	特殊技術	登場超獣、怪獣、宇宙人	視聴率
10月6日	27	奇跡！ ウルトラの父		田口成光	筧正典	川北紘一	ヒッポリト星人	26.3
10月13日	28	さようなら夕子よ、月の妹よ	さようなら・夕子よ、月の妹よ	石堂淑朗	山際永三	佐川和夫	ルナチクス	22.2
10月20日	29	ウルトラ6番目の弟		長坂秀佳	山際永三	佐川和夫	ギタギタンガ、アングラモン	23.6
10月27日	30	きみにも見えるウルトラの星		田口成光	岡村精	川北紘一	レッドジャック	20.5
11月3日	31	セブンからエースの手に	人間の友よ、バクタリを撃つな！	山田正弘	岡村精	川北紘一	バクタリ	20.0
11月10日	32	ウルトラの星に祈りを込めて		田口成光	筧正典	佐川和夫	コオクス	22.8
11月17日	33	あの気球船を撃て！		石堂淑朗	筧正典	佐川和夫	バッドバアロン	20.7
11月24日	34	海の虹に超獣が踊る	空と海に超獣が踊る	長坂秀佳	志村広	高野宏一	カイテイガガン	20.3
12月1日	35	ゾフィからの贈りもの		久保田圭司	古川卓己	高野宏一	ドリームギラス	22.6
12月8日	36	この超獣10,000ホーン？		長坂秀佳	筧正典	川北紘一	サウンドギラー	19.0
12月15日	37	友情の星よ永遠に		石森史郎	筧正典	川北紘一	マッハレス	18.3
12月22日	38	復活！ ウルトラの父		石堂淑朗	山際永三	高野宏一	スノーギラン、ナマハゲ	20.8
12月29日	39	セブンの命！ エースの命！		田口成光	山際永三	高野宏一	ファイヤーモンス、ファイヤー星人	19.3
1973年1月5日	40	パンダを返して！	パンダを返せ！	田口成光	鈴木俊継	川北紘一	スチール星人	16.2

1月12日	41	冬の怪奇シリーズ 怪談! 獅子太鼓		石堂淑朗	鈴木俊継	川北紘一	シシゴラン、カイマンダ、邪神カイマ	17.1
1月19日	42	冬の怪奇シリーズ 神秘! 怪獣ウーの復活		田口成光	上野英隆	高野宏一	アイスロン、ウー(2代目)	17.3
1月26日	43	冬の怪奇シリーズ 怪談 雪男の叫び!	怪談・雪男の叫び!	石堂淑朗	上野英隆	高野宏一	フブギララ	16.7
2月2日	44	節分怪談! 光る豆	節分の豆を食べるな、節分怪談・光る豆	石森史郎	筧正典	佐川和夫	オニデビル	17.3
2月9日	45	大ピンチ! エースを救え!		石堂淑朗	筧正典	佐川和夫	ガスゲゴン	19.2
2月16日	46	タイムマシンを乗り越えろ!		石堂淑朗	古川卓己	田渕吉男	ダイダラホーシ	17.1
2月23日	47	山椒魚の呪い!	超獣を閉じ込めろ!	石堂淑朗、山元清多	古川卓己	田渕吉男	ハンザギラン	19.4
3月2日	48	ベロクロンの復讐		市川森一	菊池昭康	田渕吉男	ベロクロン二世、女ヤプール	18.2
3月9日	49	空飛ぶクラゲ		石堂淑朗	菊池昭康	田渕吉男	アクエリウス、ユニバーラゲス	14.3
3月16日	50	東京大混乱! 狂った信号		石堂淑朗	深沢清澄	神沢信一	シグナリオン、レボール星人	16.2
3月23日	51	命を吸う音	その音を聞くな!	石堂淑朗	筧正典	高野宏一	ギーゴン	14.8
3月30日	52	明日のエースは君だ!	見よ! この大変身	市川森一	筧正典	高野宏一	ジャンボキング、サイモン星人(ヤプール)	19.1
							平均視聴率	**18.6**

(視聴率はビデオリサーチ調べ関東地区のもの)

『ウルトラマンA』脚本ほか印刷時期一覧

現存が確認できたもののみ記載している。データは早稲田大学演劇博物館所蔵の脚本に拠った。

印刷日	タイトル	種類	備考
1972年1月27日	ウルトラA 新番組企画		最終版の企画書
1月27日	ウルトラA1 緑の星に生まれた子よ！	準備稿	
1月27日	ウルトラA2 大超獣を越えてゆけ！	準備稿	
2月5日	ウルトラA1 輝け！ウルトラ五兄弟	決定稿	「緑の星に生まれた子よ！」を改題。
2月5日	ウルトラA2 空を破って悪魔が来た	決定稿	「大超獣を越えてゆけ！」を改題
2月12日	ウルトラA1 輝け！ウルトラ五兄弟	最終稿	
2月12日	ウルトラA3 超獣を見た！	準備稿	
2月12日	ウルトラA2 空を破って悪魔が来た	最終稿	
2月21日	ウルトラA4 超獣狩り大作戦	準備稿	未制作
2月22日	ウルトラA5 ウルトラの赤い手袋	準備稿	
2月24日	ウルトラA3 燃えろ！超獣地獄	最終稿	「超獣を見た！」を改題。なお、準備稿と日数が開いているため、決定稿が存在する可能性がある。
2月26日	製作メモ ウルトラA		番組関係者向けの文書
3月3日	ウルトラA4 3億年超獣出現！	決定稿	
3月9日	ウルトラA6 還ってきた宇宙飛行士	準備稿	
3月11日	ウルトラA5 大蟻超獣対ウルトラ兄弟	決定稿	「ウルトラの赤い手袋」を改題
3月11日	ウルトラA6 変身超獣の謎を追え！	決定稿	「還ってきた宇宙飛行士」を改題。
3月27日	ウルトラマンA7 怪獣対超獣対宇宙人	決定稿	番組タイトル変更
3月27日	ウルトラマンA8 太陽の命・エースの命	決定稿	
4月7日	ウルトラマンA10 決戦！エース対郷秀樹	決定稿	
4月11日	ウルトラマンA9 超獣10万匹！奇襲計画	決定稿	
4月18日	ウルトラマンA11 超獣は10人の女？	決定稿	
4月22日	ウルトラマンA12 サボテン地獄の赤い花	決定稿	
5月8日	ウルトラマンA13 死刑！ウルトラ5兄弟	決定稿	

印刷日	タイトル	種類	備考
5月8日	ウルトラマンA 14 銀河に散った5つの星	決定稿	
5月25日	ウルトラマンA 15 黒い蟹の呪い	決定稿	16話ともども、前作より日数が空いているが、これはシナハンが入ったためと推測される。
5月26日	ウルトラマンA 16 怪談・牛神男	決定稿	
5月30日	ウルトラマンA 青い渦が死を招く!	準備稿	話数表記なし
6月9日	ウルトラマンA 17 怪談・ほたるケ原の鬼女	決定稿	
6月9日	ウルトラマンA 18 鳩を返せ!	決定稿	
6月15日	ウルトラマンA 17 怪談・ほたるケ原の鬼女	最終稿	
6月21日	ウルトラマンA 19 河童屋敷の謎	決定稿	「青い渦が死を招く!」を改題
6月23日	ウルトラマンA 20 青春の星・ふたりの星	決定稿	
7月3日	ウルトラマンA 21 天女の幻を見た!	準備稿	
7月6日	ウルトラマンA 21 天女の幻を見た!	決定稿	
7月6日	ウルトラマンA 22 復讐鬼ヤプール	決定稿	
7月19日	ウルトラマンA 23 セブンよ異時元へ飛べ!	決定稿	

印刷日	タイトル	種類	備考
7月21日	ウルトラマンA 24 見よ!真夜中の大変身	決定稿	
8月3日	ウルトラマンA 25 ピラミットは超獣の巣だ!	決定稿	
8月8日	ウルトラマンA 26 全滅!ウルトラ5兄弟	決定稿	
8月12日	ウルトラマンA 27 奇跡!ウルトラの父	決定稿	
8月26日	ウルトラマンA 28 さようなら・夕子よ、月の妹よ	決定稿	
8月26日	ウルトラマンA 29 ウルトラ6番目の弟	決定稿	
9月7日	ウルトラマンA 30 きみにも見えるウルトラの星	決定稿	
9月9日	ウルトラマンA 31 人間の友よ、バクタリを撃つな!	準備稿	
9月16日	ウルトラマンA 31 セブンからエースの手に	決定稿	「人間の友よ、バクタリを撃つな!」を改題。
9月21日	ウルトラマンA 32 ウルトラの星に祈りを込めて	決定稿	
9月25日	ウルトラマンA 33 あの気球船を撃て!	決定稿	
10月7日	ウルトラマンA 34 空と海に超獣が踊る	決定稿	
10月14日	ウルトラマンA 35 ゾフィからの贈りもの	決定稿	
10月24日	ウルトラマンA 36 この超獣10・000ホーン?	決定稿	「10・000」とあるが「10,000」の誤り

印刷日	タイトル	種類	備考
11月8日	ウルトラマンA38 復活！ウルトラの父	決定稿	
11月8日	ウルトラマンA39 セブンの命！エースの命！	決定稿	
11月22日	ウルトラマンA40 パンダを返せ！	決定稿	
11月24日	ウルトラマンA41 怪談！獅子太鼓	決定稿	
12月6日	ウルトラマンA42 〈冬の怪奇シリーズ〉神秘！怪獣ウーの復活	決定稿	
12月6日	ウルトラマンA43 〈冬の怪奇シリーズ〉怪談・雪男の叫び！	決定稿	
12月23日	ウルトラマンA45 大ピンチ！エースを救え！	決定稿	
12月25日	ウルトラマンA44 節分の豆を食べるな	決定稿	
12月28日	ウルトラマンA44 節分怪談・光る豆	最終稿	「節分の豆を食べるな」を改題
1973年1月12日	ウルトラマンA46 タイムマシンを乗り越えろ！	決定稿	
1月13日	ウルトラマンA47 超獣を閉じ込めろ！	準備稿	
1月16日	ウルトラマンA47 超獣を閉じ込めろ！	決定稿	
1月19日	ウルトラマンA48 ベロクロンの復讐	決定稿	

印刷日	タイトル	種類	備考
1月24日	ウルトラマンA49 空飛ぶクラゲ	決定稿	
2月3日	ウルトラマンA50 東京大混乱！狂った信号	決定稿	
2月13日	ウルトラマンA52 見よ！この大変身	準備稿	
2月15日	ウルトラマンA51 その音を聞くな！	決定稿	
2月15日	ウルトラマンA52 明日のエースは君だ！	決定稿	「見よ！この大変身」を改題

【凡例】引用箇所について

※公刊された出版物からの引用箇所と、企画書、脚本などからの引用箇所はフォントを変えて区別している（後者は合わせて上に罫線を敷いている）。

※改行位置、書式（改行後の一字下げなど）は本書のレイアウト（縦書き）に合わせて一部変更している。

※脚本、企画書に関しては、『ウルトラマンA』制作当時は仮名の小書きが使用されていない。つまり「だった」などは「だつた」と印刷されているが、読みやすいよう、小書きに改めてある。

※明らかな誤字、脱字や誤記は改め、注記していない。

※当時の習慣で「鬪」の略字として「斗」が用いられている箇所は全て「鬪」に改めた。

※細かな表記の揺れや、一般的でない送り仮名などは原文のままとして注記していない。

※あえて原文通りにしている箇所を示す場合は「原文ママ」と補った。

『シルバー仮面』資料室

『シルバー仮面』に至る台本、企画の変遷と、山際永三監督自身による撮影台本への書き込みを紹介しよう。

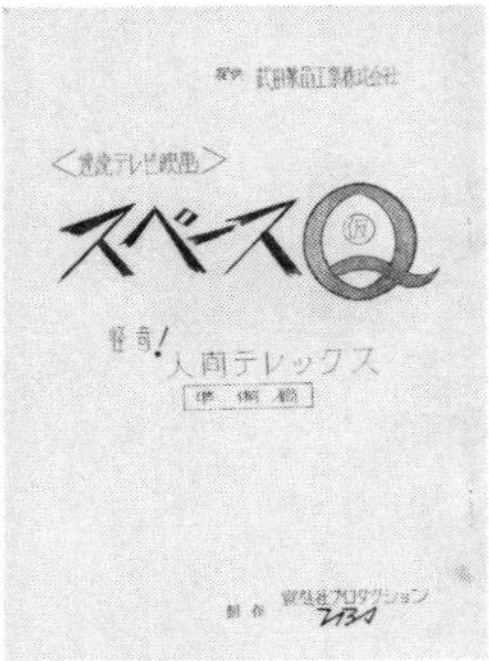

番組の仮タイトルが『スペースQ』だった時代、現存が確認されている2冊のうち、市川森一執筆の作品。表紙は緑。

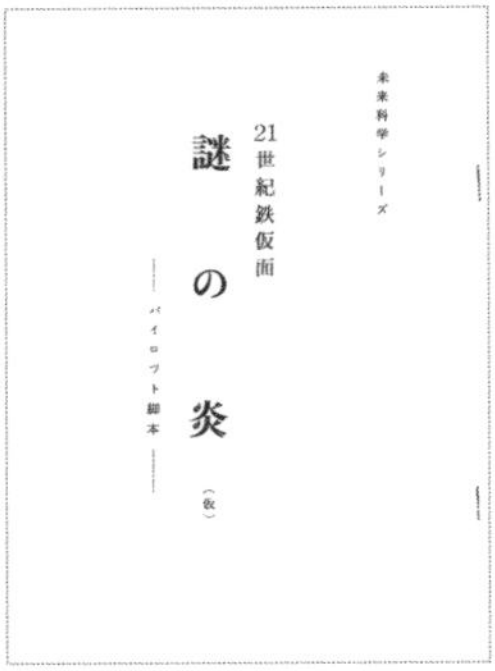

仮タイトルが『21世紀鉄仮面』に変更された。現存が確認されているのは、この1冊のみ。脚本・市川森一。表紙は白。

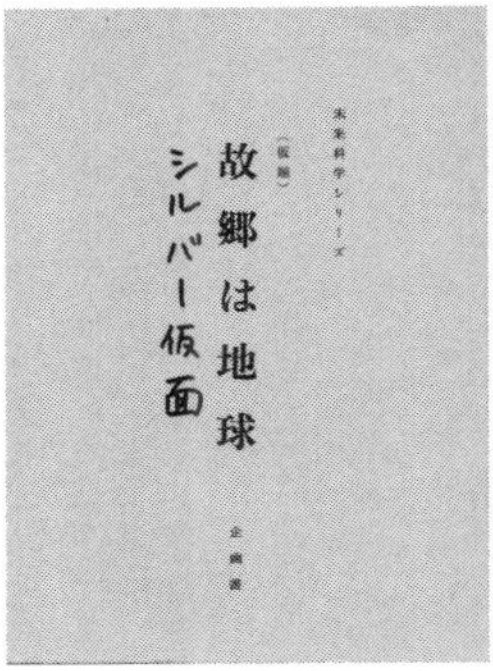

『故郷は地球』企画書。〝シルバー仮面〟の書き込みは山際永三による。執筆・佐々木守。表紙は青。

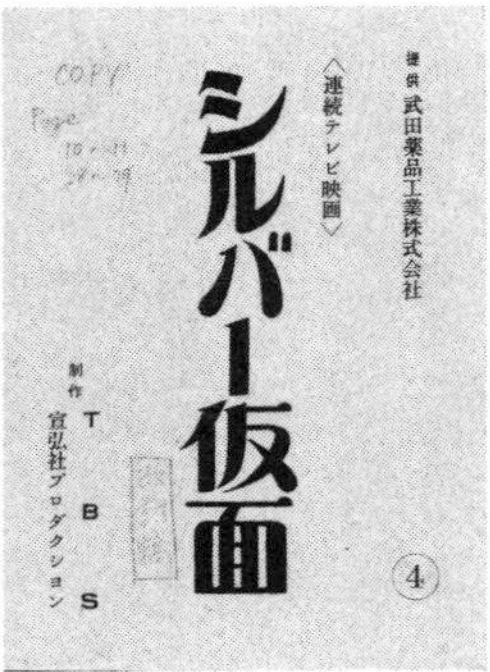

第4話「はてしなき旅」改訂稿。脚本・市川森一。完成作品冒頭のナレーションは山際が付け足した。表紙は茶色。

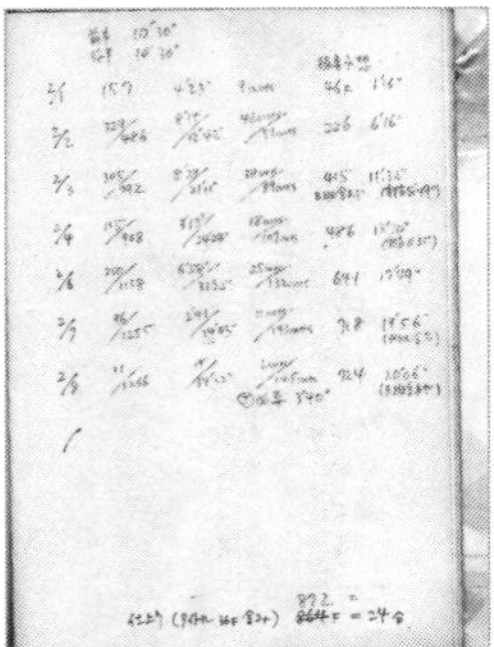

第14話「白銀の恐怖」から、編集メモ。仕上げの尺、872フィート(24分)へ向けて、連日の編集作業が見えてくる。

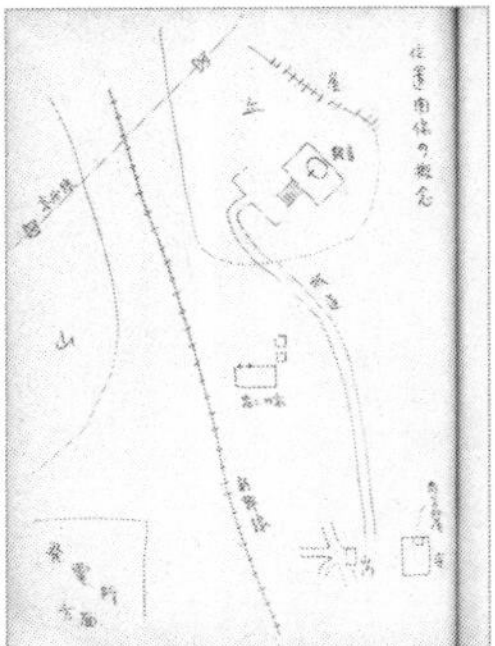

第15話「怪奇宇宙菩薩」より。阿部忠二の家付近の位置関係を示した図。これはあくまで演出上の概念図であり、実際には存在しない。

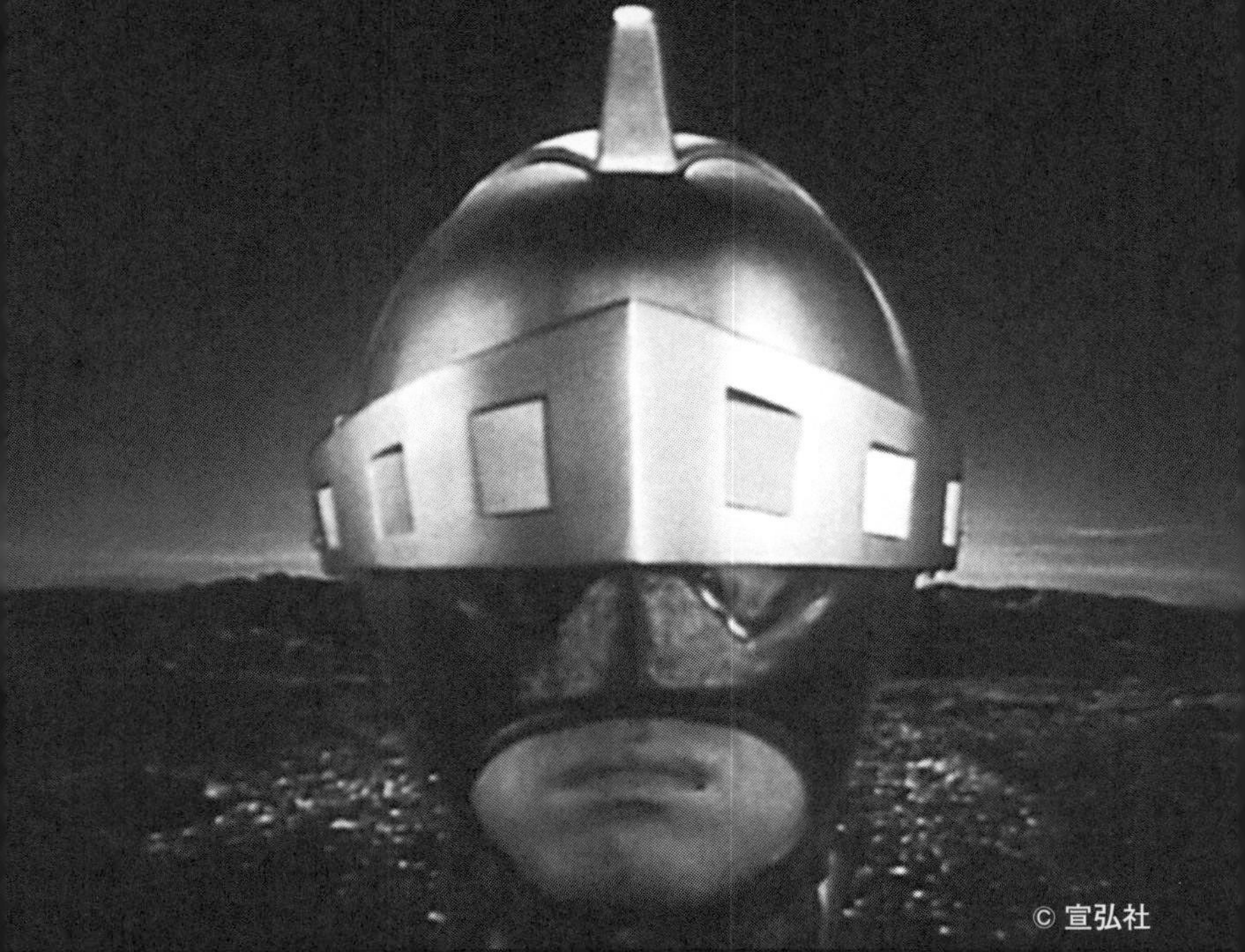

プロローグ

銀色《シルバー》の力

『シルバー仮面』の蹉跌

第二次怪獣ブームの真っ直中だった一九七一（昭和四六）年十一月二八日、日曜日の午後七時、少年は四チャンネルの名物バラエティ『シャボン玉ホリデー』（注一）を見終わると、いつものように六チャンネルに切り替えた。

日曜夜七時は、通称タケダアワー（注二）といって、彼が物心ついたときから欠かさず視ている時間帯である。

先週までのスポ根ドラマ『ガッツジュン』（注三）に、やや不満を覚えていた少年は、新しく始まる特撮ドラマ『シルバー仮面』が楽しみだった。もっとも等身大というのが不安材料であったが、四月から始まっていた『仮面ライダー』もそうだし、『シルバー仮面』は改造人間じゃなく宇宙人と戦うんだから、違った楽しみがあるんじゃないのかな？と、期待に胸を膨らませていた。

武田薬品の研究所の空撮に、印象的な社名のリフレインが響き、番組は始まった。

続いて映し出されたのは、太陽から落下してくる隕石のような黒い物体。だがそのディテールは真っ暗で見えない。

ファンファーレのような管楽器が仰々しく吹き渡り、画面は衛星から土星を眺める移動ショット、次いで地球にカメラが回り込み、朝焼けの地平線のショットへと素早く切り替わる。

（注一）
六一年六月四日〜七二年十月一日、日本テレビ系列。当時としては、かなりの長寿番組だった。

（注二）
『タケダアワーの時代』（洋泉社刊）によると、代理店の宣弘社は"日曜夜七時の武田枠"と呼んでいた。しかし武田の本社がある大阪のライバル局の営業や代理店担当者が"タケダアワー"と呼び始め、それが通称となったという。

（注三）
七一年四月十一日〜十一月二一日。

カメラは大地のローアングルから、クレーンアップ。すると地平線の彼方から、シルバー仮面の顔が飛んできて、画面一杯になり、番組タイトルがクレジットされる。

なるほど、と少年は唸った。こうした凝ったオープニングは、『ウルトラQ』（注四）などの渦巻きマークがあったが、ミニチュアを使ったものを見るのは初めてで、少年の目には新鮮だった。しかし、ちょっと画面が暗いな。

本編が始まった。最初に映し出されたのは消防車の赤い回転灯のアップ、どこかで火災があって消火に向かっているらしい。らしいというのは、画面が真っ暗で車のライトと回転灯の他はほとんど何も見えないからだ。その暗闇の中で消防士達が話しているが（画面には姿を見せない、いわゆるオフでの会話）、サイレンや車の音などの効果音にかき消されてはっきり聞こえない（注五）。

そのうちに宇宙人らしき怪人物が現れ、春日研究所という屋敷を攻撃し始めるが、真っ暗で、主役の春日兄妹達も、やはり真っ暗な屋敷の中で互いに何か叫んでいるだけだ。

何が起きているのかサッパリわけがわからないまま、主役がシルバー仮面に変身すると、燃えさかる屋敷のミニチュアにサブタイトル「ふるさとは地球」のスーパーがダブり、主題歌が始まる。

ここまでが長い（六分以上ある）！　しかも何度も言うようだが、画面が暗くて全く見えない！『仮面ライダー』ばりのヒーローアクションを期待していた少年にとって、それは悪夢の三〇分だった。

（注四）
六六年一月二日～七月三日。

（注五）
脚本で消防士Cとされている登場人物の後半の台詞はフェードアウトされてしまって、聞き取ることが出来ない。決定稿でその部分は以下の通り。

「今は兄妹が五人だけで町とのつきあいを断って暮らしているということだが……」

実はこれは、半分フィクションである。だが、当時小学六年生だった筆者が、番組を見て思ったことを書き連ねたものだ。なぜそうしなければならなかったかというと、筆者の故郷、秋田ではTBS系列の放送局がなく、タケダアワーという枠も存在しなかったからだ。しかも『シルバー仮面』の放送は、七一年ではなく、翌七二年で、同じ日曜日でも午前十時三〇分からだった（注六）。

そしてこれが、当時の筆者を驚愕させた（ある意味、三〇分ブラウン管に釘付けにしたわけだが）、『シルバー仮面』の第一話である。脚本は佐々木守、監督は映像派の鬼才と言われた実相寺昭雄。我が国の特撮番組史上、最も野心的だった『シルバー仮面』は、以下のような設定のドラマだった。春日光一、光二、ひとみ、光三、はるかの五人兄妹には、ロケット工学の権威と言われた勝一郎という父親がいた。彼は光子ロケットを発明したが、それがためにチグリス星人に殺されてしまう。

だが、宇宙人の襲来を予見していた勝一郎は、兄妹の身体にロケットの設計図を隠し、光二をシルバー仮面に改造、光一には白光銃、ひとみには赤光銃（注七）、そして光三には宇宙人の正体を見破るスペクトルグラスを与えていた。

もし光子ロケットが完成すれば、人類は全宇宙の脅威となる。それを阻止しようと、様々な宇宙人が兄妹を狙ってくる。

五人は身体に隠された光子ロケットの秘密を守りつつ、日本中をあてもなく旅する。

（注六）
七二年九月十七日〜七三年三月十一日。『ミラーマン』は裏番組ではなかった。こちらは東京と同じ時期に始まっていたので、秋田では『シルバー仮面』より先に『ミラーマン』が放送された。この時間帯は特撮枠で、『怪奇大作戦』や、『愛の戦士レインボーマン』が放送されていた。

（注七）
いずれもどのような性質の光線銃かはっきりせず、両者の区別もまたしかりである。

制作はタケダアワーの代理店だった宣弘社。だが実制作は日本現代企画が担当し、コダイグループがサポートした。現代企画の社長は小林哲也。小林は『ウルトラQ』以来、円谷プロ作品で照明技師を務めていた。一方コダイのメンバーは、監督の実相寺昭雄、美術デザイナーの池谷《いけや》仙克《のりよし》らであった。つまり、現代企画にしろコダイにしろ、スタッフの多くは円谷プロ出身、もしくは関係者だったのである。そして『シルバー仮面』は奇しくも、円谷プロが制作する『ミラーマン』の裏番組となってしまう。

『シルバー仮面』のTBS側プロデューサーは、当時金曜七時枠の『帰ってきたウルトラマン』を担当していた橋本洋二。橋本はこの時期、次回作『ウルトラマンA』の企画を進めると同時に、この異色作も担当していた。

このように『シルバー仮面』は、『ウルトラマンA』に至るスタッフの流れを追う上で欠かせないため、プロローグでは、まず同番組について紙面を割きたいと思う。

第二次怪獣ブームの先駆けとして七一年一月二日からフジテレビ系列で放送された『宇宙猿人ゴリ』(注八)は、裏番組がスポ根ブームの代名詞だったアニメ『巨人の星』(注九)だったため、当初は視聴率的に苦戦したものの、次第に盛り返し、同年四月十日の第十五話「大地震東京を襲う!!」で、ついに逆転する(注十)。

その翌日、『巨人の星』とならぶスポ根ブームのもう一方の雄、『柔道一直線』(注十一)の後を受け、『ガッツジュン』がTBSで放送を開始する。それは高校野球を舞台にしたスポ

(注八)
のち『宇宙猿人ゴリ対スペクトルマン』へ、さらに『スペクトルマン』と二度改題された。

(注九)
六八年三月三〇日〜七一年九月十八日、日本テレビ系列。

(注十)
『超人画報 国産架空ヒーロー四十年の歩み』(竹書房刊)より。

(注十一)
六九年六月二二日〜七一年四月四日。

根ドラマだったが、関係者の期待に応える視聴率を叩き出すことは出来なかった。それは『巨人の星』と『宇宙猿人ゴリ』の視聴率が逆転したことに象徴されるように、スポ根ブームの終焉を意味していたのだ。事実、ブームを牽引した『タイガーマスク』『アタックNO．1』『金メダルへのターン！』といった人気作品は、七一年には全て終了してしまう（注十二）。

『ガッツジュン』は三クールでの終了が決定し、制作会社であった宣弘社は、次回作の企画を早急に練らなければならなくなった。

番組の打ち切りが決まった詳しい時期は不明だが、後番組が『シルバー仮面』になったことから考え、『帰ってきたウルトラマン』『仮面ライダー』が人気番組に成長し、第二次怪獣ブームが巻き起こっていた時期であろう（注十三）。

『ガッツジュン』が放送されていたのは、先述のようにタケダアワーの枠で、かつて『ウルトラQ』『ウルトラマン』『ウルトラセブン』（注十四）といった人気特撮番組を送り出していた。第二次怪獣ブームが巻き起こっていたこの時期、スポ根路線に幕を下ろし、特撮番組に回帰するのは自然な流れであっただろう（事実、後で紹介する企画書にその旨の記述がある）。

当時TBS映画部に所属していたプロデューサーの橋本洋二は、企画が『シルバー仮面』に決定するまで、かなりの紆余曲折があったと証言する。

橋本　『シルバー仮面』は大変で、オンエアに至るまでは、色んなことがありました。ギリギ

（注十二）
『タイガーマスク』六九年十月二日～七一年九月三〇日、日本テレビ系列。
『アタックNO．1』六九年十二月七日～七一年十一月二八日、フジテレビ系列。
『金メダルへのターン！』七〇年七月六日～七一年九月二七日、フジテレビ系列。

（注十三）
『帰ってきたウルトラマン』『仮面ライダー』は、当初期待通りの数字を上げられなかった。

（注十四）
『ウルトラマン』六六年七月十七日～六七年四月九日。
『ウルトラセブン』六七年十月一日～六八年九月八日。

リでスタートして、色々な企画を取っちゃ出し、取っちゃ出しの有様で、どういう路線で、何をやるかが決まらなかったんです。

当時の宣弘社の社長、小林利雄さんはもの作りに大変な情熱を持った方でした。『ガッツジュン』の後番組について、小林さんは路線を変えたものを武田薬品にプレゼンしようとしていたんですが、アイディアに詰まってたびたび相談を受けました。

路線変更という意味では、円谷プロと一緒に作った『怪奇大作戦』があります。私は円谷プロとは、『ウルトラセブン』の途中からお付き合いを始め、最初から参加したのはこの番組からでした。

『怪奇大作戦』は、円谷プロでウルトラマン以外の路線が見つけられないかということで考えたわけです。数字（視聴率）的には皆さんの期待には応えられなかったけれども、平均で二〇％を超えていましたし、頑張ったと思っています。

しかし小林さんは、『怪奇大作戦』がお好きではなかった。もっと楽しくて明るいものがいいと考えておられたんじゃないでしょうか。

『ガッツジュン』の後番組で、特撮ものを考えても、『怪奇大作戦』みたいな路線は、武田薬品としても難色を示していました。

ともかく時間がない。こういうとき頼むのが佐々木守さんです。彼と話していった結果が『シルバー仮面』なんですが、結局、『ウルトラマン』みたいな路線に流れ着いてしまいましたね。それで佐々木さんに企画書を書いてもらって、皆さんに見せたわけです。宣弘社にしてみれば、もっと明るく楽しい番組を、と思っただろうけれども、色々なものが差し迫っていたから、これで行こうということになったんです。

橋本によれば、佐々木守とディスカッションしているときに、ふと六四年に放送され大ヒットした海外ドラマ『逃亡者』（注十五）の話が出たという。

妻殺しの濡れ衣を着せられた医師のリチャード・キンブル（デビッド・ジャンセン）は、真犯人である片腕の男を追って、全米を探し回る。しかしそのキンブルを、ジェラード警部（バリー・モース）が執拗に追いつめるという内容は、日本でも大人気となった。

日常生活に迫り寄ってくる恐怖。橋本は『逃亡者』のそうした部分が気に入っていた。『逃亡者』を元にした特撮ドラマというアイディアに第一、二話のパイロット編を監督することになる実相寺昭雄も乗り、企画を固めていったものの、実は佐々木はあまり乗り気ではないのではないかと、橋本は感じていたという。

（注十五）
アメリカABCで放送されたドラマ。日本ではTBS系列で、六四年五月十六日～六七年九月二日放送。

故郷は地球

タイトルが『シルバー仮面』に決定するまで、番組には『スペースQ』『21世紀鉄仮面』といった仮題が存在し、何本かの検討用台本、プロットが存在する。

『スペースQ』と『21世紀鉄仮面』の登場人物は、春日兄妹が次男の光二（二三歳）、長男の秀一（二六歳）、長女の瞳（二一歳）、三男の徹三（二〇歳）、四男の四郎（十三歳）であり、他に従姉妹のジーナ（十八歳）、警視庁科学捜査課の大原警部（四〇歳）。そして『スペースQ』のみ、光二の友人のパイロット進藤（二三歳）がレギュラーとして加わっている。

大原警部は、ジェラード警部的な人物ではなく、兄妹に近い存在だが、ドラマ的な役割は小さい。

『スペースQ』（おそらく『ウルトラQ』を意識した仮タイトル）の準備稿「銀河行き超特急便」（脚本・上原正三）には、シャインマスクというヒーローが登場する。それは以下のような内容であった。

大阪医科大学の特別ゼミナールの受講を終えた瞳は、東京行きの最終ひかり号に飛び乗った。しかし検札に来た車掌は、この列車は東京行きではなく銀河行きだと不思議なことを言う。驚いた瞳が窓から外を見ると、ひかり号は空中を走っていた。

その頃春日家では、今年三度目になる飛行機事故の話題が上がっていた。新聞は、事故は乱気流の影響と報じていた。四郎は宇宙人の仕業を疑うが、徹三に一蹴される。

そこへ富士山を調査していた光二が帰ってくる。彼は、旅客機が怪光線を浴びて墜落する瞬間を目撃していた。しかし新聞報道のこともあり、確信が持てなかった。

その後、兄妹達は奇怪な現象を目撃することになる。瞳を東京駅へ迎えに行った徹三と四郎はハイウェイで、秀一と光二は自宅の庭で、空飛ぶ新幹線を目撃したのだ。しかも自宅のテレビ電話には、ひかり号の瞳から着信があり、この列車は銀河行きだと告げていた。

光二はこの怪現象は、ギル星人の仕業ではないかと秀一に告げる。予感は当たっていた。テレビ電話にはギル星人の奇っ怪な顔が映っていて、瞳は光子ロケットの設計図と引き替えに帰す、と脅迫してきたのだ。

光子ロケットの設計図は、兄妹の父が作成したものである。だがそのために父は宇宙人に殺されてしまった。そして設計図は今、秀一の頭の中にある。

秀一は光二に言う。光子ロケットが完成すれば惑星間の大移動が可能になる。もしギル星人の手に設計図が渡れば、地球は彼らの植民地になるだろうと。

兄妹はギル星人の電波を逆探知して、瞳を救い出そうと考える。そして星人からの二回目の連絡で、電波の発信源は青木ヶ原樹海の辺りと判明する。

光二はさらに詳しい場所を調べようと、テレビ電話の録画を再生する。しかしモニターに映し出されたのは、四〇万トンのタンカー大富士丸が空を飛ぶ光景だった。タンカーは高層ビルを体当たりで破壊するが、自衛隊機の攻撃を受け大爆発する。だがそのために眼下の街は、猛火に包まれてしまった。

徹三は四郎を連れ、青木ヶ原に向かって車を走らせる。光二はそこが旅客機の墜落現場付近であることを思い出し、航空局で詳しい情報を聞き出すことにする。精進湖から本栖湖にかけた地域に、星人の基地があると光二は考えたのだ。

三人が出払った後、今度は居間のテレビに星人がアクセスしてきた。ブラウン管に、飛行中のジェット旅客機が映っている。そして星人は設計図を渡さなければ、これを撃ち落とすと秀一を脅しにかかった。

逡巡したのち、秀一は鍵文字（暗号）を使ってコンピュータを起動させ、設計図をプリントアウトする（注一）。そこへギル星人が現れ、設計図を奪うと姿を消す。

航空局から戻ってきた光二は、星人の秘密基地の場所がわかったと言い、設計図を取り返すためにジープを発車する。急がないと、あと一時間でギル星人は銀河へ飛び立ってしまうのだ。光二は飛行場で進藤が操縦するセスナに乗り換え、精進湖の上空でパラシュート降下する。

同じ頃、樹海をさまよっていた徹三と四郎は、湖から飛び出したひかり号を目撃する。だが二人にはどうすることも出来ない。

上昇するひかり号に、シャインマスクが飛び込んでくる（注二）。そしてギル星人を倒すと、列車に爆破装置をセットし、瞳を抱きかかえて外へ飛び出す（注三）。

事件が解決した後、光二は満天の星空を見上げて思う。

――

光二「（モノローグ）輝く星が、俺には宇宙人の目に見えてくる。そうだ、この地球は何万という宇宙の星から狙われているのだ！」

（注一）
この時点で、設計図は秀一の頭の中にあるという設定が無視されてしまっている。この後、秀一は隠し持っていた日本刀で、現れた星人を真っ二つにするが、すぐに元通りになるという描写がある。

（注二）
この時シャインマスクは、瞳に向かって名乗りを上げる。つまり、瞳はヒーローの正体を知らない。

（注三）
シャインマスクのマントが翼代わりになって、空中を滑空する。

『スペースQ』に関しては、市川森一の手による「怪奇！人間テレックス」（注四）という準備稿も存在する。これについては後述するが、瞳が二三才になっていて、ヒーローの名称はスペースマンだ。

続いて仮タイトルが『21世紀鉄仮面』となったパイロット台本「謎の炎」を紹介する。脚本は市川森一。本稿では瞳が二〇歳、徹三が二一歳に変更されている。ヒーローの名称は鉄仮面である。

午前三時の東京、東洋化学研究所が突如炎に包まれた。これは日本科学技術センター、城北大の原子物理化学研究所に次ぐ、三度目の謎の火災だった。

大原警部は、秀一が工場長を務める化学工場が次に狙われるかもしれないと、兄妹に電話で警告する。

大原の推理は当たり、翌日、化学工場は全焼してしまう。ダイナマイトが投げ込まれた様子も、誰かが工場に忍び込んだ様子もないため、ただの放火事件ではなく、犯人は００７のような近代兵器を持った国際スパイ団と大原は考える。

一方、光二は何者かが熱光線を使って放火しているのではないかと推理する。そこで秀一は、特殊光線をキャッチするレーダーを、東京タワーに設置するアイディアを思いつく。

しかし犯人は東京タワーに熱線を発し、塔を飴のように溶かしてしまう。だがそのわずかな時間に、春日家のレーダー盤は、南西方向から飛来した光線をキャッチしていた。

（注四）脚本本文でのエピソードタイトルは「怪奇！人間速達」である。

そういえば一連の火事の発火も、全て南西側で起きている。南西から、関東一円を見下ろせる場所といえば、富士山だ！

富士山頂の剣が峰には気象観測所がある（注五）。徹三は観測所が宇宙人に乗っ取られた可能性を示唆する。

兄妹は、秀一の運転で五合目を目指すが、途中、警察の検問に引っかかる。警官の説明では、三日前から山頂の火口が活動を始めて、登山は禁止されているという。怪訝に思った秀一は、車をバックさせながら、光二に赤外線アイで、検問している三人の警官達を調べるように言う。

案の定、警官達の正体はピブラス星人だった（注六）。秀一は車を急発進して警官達を振り切り、一気に五合目まで登ろうとするが、パトカーが追跡してきた。兄妹の中で一番射撃が得意な四郎は、レーザーライフルでパトカーのタイヤを狙って撃つ！

見事、光線はタイヤに命中、パトカーはバランスを崩して谷底に転落していった。

七合目辺りまで到着する兄妹。ここから先は秀一、光二、徹三の三人で絶壁を登り、観測所を目指すことになった。だがその様子は、観測所を占拠していたピブラス星人にモニターされていた。星人キャップが司令室のボタンを押すと、突如地鳴りが起こり、落石が三人を襲った。

光二は落石のため足を滑らせ、岩場で宙吊りになってしまう。光二は二人の命を救うため、ナイフでみずからザイルを切る。助かった秀一と徹三だが、星人の透明バリアに引っかかり、

（注五）
富士山測候所。一九三二年七月に通年観測が開始され、二〇〇四年十月以降は無人施設。六四年に設置された富士山レーダーは、現在は撤去されているが、富士吉田市の富士山レーダードーム館に展示されている。

（注六）
光二は（おそらく兄妹も）星人の正体を知っている設定。

観測所の司令室に電送されてしまうのだった。

地球侵略を狙うピブラス星人は、妨害となる科学拠点を破壊し尽くそうと考えていた。彼らは気象観測用レーダーを改造し、熱光線銃を作ったのだ。

星人キャップは次の標的、科学技術庁に向かって熱光線を放つ。たちまち燃え上がる技術庁。と、不意に熱光線が止まり、観測所のドームは大爆発する。富士が噴火を始め、観測所を破壊したのだ。そこへ鉄仮面登場！ピブラス星人達を倒すと（注七）、秀一、徹三を救って脱出する。


一読しておわかりのように、「銀河行き超特急便」「謎の炎」は（後で紹介する「怪奇！人間テレックス」も含め）、『シルバー仮面』とは、かなり味わいが異なる内容である（注八）。兄妹の父は宇宙人に殺されたものの、彼らには家があり、活動の拠点となっている。設計図は兄妹の身体の中に隠されていない。光二がスーパーヒーローであることを、他の兄妹は知らない。そして特撮の見せ場も用意されている。

つまりこの時点では、『逃亡者』の要素は番組に含まれていなかったのだ。その要素は、企画書『未来科学シリーズ 故郷は地球』（印刷時期は不明）で明記されることになる。仮タイトルが『21世紀鉄仮面』から変更になったのは、あまりに大時代という意見があったからだ。しかし登場するヒーローは鉄仮面のままである。貴重な資料であり、本書が初出であろうから、以下、全文を採録する。

（注七）鉄仮面のパンチやキックで、ピブラス星人の首がすっ飛ぶという凄まじい描写。

（注八）印刷時期は三本とも不明。

未来科学シリーズ（仮題）故郷は地球　企画書

※文中「兄妹」が一部「兄弟」になっているのはそのままにしてある。
※そのほかの表記は引用箇所の凡例に従っている。

企画意図

第六チャンネルの日曜夜七時という時間は、常に時代の要求を先どりし、その卓抜な企画性によって、ブームの口火を切ってまいりました。記憶に新しいところを挙げても、「隠密剣士」がひらいた忍者ブーム、「ウルトラシリーズ」の作った怪獣ブーム、「柔道一直線」が中心となったスポ根ブーム等々、この時間帯はいつも話題の中心になってきたのです。

いま、私たちが提出しようとしているこの企画もまた、そうした意味で、この浅い時間台（原文ママ）における時代のパイオニアになろうとして企画されたものであります。

○

私たちのこの企画は、大きくわければ「特撮怪獣、または宇宙もの」「空想科学もの」の分野に入るかもしれません。しかし、私たちは単に現在の怪獣ブーム、特撮ブームにのっかろうとしてこの企画を考えたのではありません。たしかに「鉄仮面（仮称）」が登場します。異形の宇宙人も出て参ります。しかし私たちの真意は、それらのプロレスまがいの格闘を描くことにはないのです。この企画の根本は、それらの闘いを通じて、助けあい、はげましあい、時には疑がい、反目し、力一杯けんかもするという、五人の兄妹の、美しい兄妹愛を描いていくというところにあります。

○

世は断絶の時代といわれています。兄弟は他人の始まりともいわれます。そうした世の中に、私たちは本格的なドラマを展開させることによって人間連帯の美しさ、人間の生命の尊さを謳い上げたいと念じています。「本格的なドラマ」と申しましたが、まさに私たちはこの企画によって、従来浅い時間帯に決定的に不足していた高度のドラマ性をこの番組に盛りこみたいと思います。今までこうした時間の、特に「空想特撮もの」といわれる番組は、ドラマ性など一切無視し、単に特撮シーンを見せるためだけのストーリーを展開していたにすぎません。しかし時代はもうすすんでいます。たとえ少年少女といえども、高度ながっちりとしたドラマを求めていることは、シリアスすぎるのではないかといわれた「刑事くん」（月曜七時半）の視聴率が、回を追って上昇しつづけていることでも証明されています。

○

このドラマの主人公たちは五人の兄妹です。しかも、次々とあらわれる宇宙人に追われつづけている兄妹です。私たちは、この兄妹の助けあいや反目、けんか、和解などを重量感あふれるドラマ展開によって描きながら、人間の大きさ、偉大さ、生命の尊さを訴えます。そして、それこそが、観念的な言葉ではなく、実感としての「地球の美しさ」を描くことになると信じています。「美しい地球」とは、そこに生きる人間の美しさ以外の何ものでもないと信じるからです。

このことは、兄妹の一人が変身して登場する「鉄仮面（仮称）」の描き方によってもおわかりいただけると思います。すなわち、従来のこうした主人公は、敵と闘うためにのみ存在したのですが、私たちの「鉄仮面（仮称）」は、まず、人間を助けるためにあらわれるのです。宇宙人と闘うことがひいては人間を助けるのだ、という消極的なかたちではなく、彼はまずはっきりと、闘いよりは助ける方を選ぶといったかたちで登場いたします。ここが、私たちの「鉄仮面（仮称）」の特長です。すなわち「強きをくじく」ためではなく、「弱きを助ける」ために存在する、一見似ているようですが、この本質的な違いを御理解いただき、私たちの主旨をくんでいただきたいと思います。

基本設定

主人公は五人の兄妹です。その次男が「鉄仮面（仮称）」に変身いたします。そして、次男が変身することは、五人の兄妹だけの秘密です。

○

この五人の兄妹は、常に宇宙人につけねらわれています。それは、兄妹の父が発明した光子ロケットの設計図が、ある特殊な形で五人の兄妹の身体にかくされているからです。その光子ロケットは、長時間宇宙航行用のもので、これを手に入れるものは、太陽系のみならず、広く全宇宙を支配できるかもしれないのです。

○

兄妹の父は、早くからこれを宇宙人が狙うことを予知し、設計図を兄妹の身体にかくし、次男を宇宙人と闘うことのできる「鉄仮面（仮称）」に変身可能な能力をさずけました。しかし、その作業が終ったとき、父博士は宇宙人の手により帰らぬ人となってしまいました。

○

兄妹は、一日も早く父博士の志を生かすべく光子ロケットの研究と製作にかかりたいのです。しかし、次々とそれを狙った宇宙人が兄妹のまわりにあらわれます。

○

兄妹は闘いたくはありません。闘うことより研究に没頭したいのです。しかし身に降る火の粉は払わなければなりません。やむなく「鉄仮面（仮称）」の登場となります。

○

かくして、兄妹は、安心して落着いて研究できる場所を求めてさすらいの旅をつづけます。だが行く先、行く先に宇宙人があらわれます。

○

しかし、兄妹はなるべく闘いをさけようとして、様々な場所へのがれ、そこで宇宙人にかくれて研究にはげみます。

○

ところが、兄妹のかくれ住んだ場所で、必ず「鉄仮面（仮称）」の力を必要とするような事件が起ります。彼は、その人々を救うためやむなく変身します。そして、その変身した姿を宇宙人に発見されます。

○

「鉄仮面（仮称）」をみたことにより、兄妹の居場所を知った宇宙人は、ただちに兄妹のかくれ住んだ場所へ攻撃をかけて来ます。そして、やむなく兄妹は宇宙人と闘わなければなりません。

闘いはかろうじて、兄妹の協力で勝つことになります。だが、その闘いは近所の人々に必ず迷惑を及ぼします。二度とこの人たちに迷惑はかけられないと、兄妹はまた新しい土地と研究の場所を求めて旅立ちます。

○

兄妹の旅は二つの理由からです。一つは今もいったとおり、自分たちがいればまたここへ宇宙人が来て、近くの人々に迷惑をかけるだろうということであり、いまひとつは、一度発見されたかくれ家は捨てて、新しい場所へ移ろうということであります。

兄妹は、ある時は人々に感謝され、惜しまれつつ、またある時には石をもて追われるごとく、村を町を出ていくのです。

鉄仮面（仮称）の性格

前にものべましたが、彼の本質は、まず「弱きを助ける」ところにあります。

○

まず、父が残してくれた家は、第一回の闘いによって焼かれてしまいます。よし（原文ママ）、焼かれなくとも、ここにとどまっていては、宇宙人に（原文ママ。「の」の誤りか）攻撃に身をさらすようなものです。研究できる場所を求めて、兄妹のさすらいが始まります。

そこで鉄仮面（仮称）の性格はどのようにあらわれるでしょう。たとえば次のようになります。

○

ある山荘に兄妹はかくれ住みます。やっと落着いて研究できそうです。ところが、とつぜん、ふもとの村に洪水がおきて、一家五人が濁流の中にとりのこされます。必死の救助作業も水がひかなくてはかえって犠牲がふえるばかりです。だが、放っておいてはみすみす一家を見殺しにするだけです。強い風のためヘリコプターも用を為しません。

この事実を知って次男は鉄仮面（仮称）に変身、今にも濁流にのみこまれそうになった一家を助けます。

○

しかし、そのことが、彼ら兄妹の位置を宇宙人に知らせることになってしまいます。洪水がひいたばかりの村々に怪事件がおこり、それはひたひたと兄妹めざして近づいてくるのです。

このように、彼が登場するのは、まず「弱きを助ける」ため、いいかえれば、美しいヒューマニズムの結晶としての鉄仮面（仮称）なのであります。

山や海の遭難者を助けることもあります。僻地へ血清をとどけることもあります。交通事故を防ぐこともあるかもしれません。子どもの命を救うこともあるでしょう。山火事から一人の猟師を救うこともあるかもしれません。いずれにしても彼があらわれるのは、人間としてやむにやまれぬ時であります。

それは、宇宙人を招きよせるもとになることは百も承知です。だが、彼は敢えて変身するのです。鉄仮面（仮称）は、この地球上で生きとし生けるもの、すべての味方なのであります。

時には、宇宙人が、兄妹の居場所をさぐるために、わざとある事件をおこしたり、人々に危害を加えたりします。兄妹にはそれが宇宙人の陽動作戦であることはよくわかります。ここで出て行けば危機を招くことは火を見るより明らかです。しかし、やはり鉄仮面（仮称）は出ていくのです。

そうです、地球のすべてのいのちをまもるために——。まさに、私たちの主人公にとって「故郷は地球」だからであります。だから彼は不自然な巨人には変身しません。巨大化しないということもこの主人公の特長です。

ドラマの展開

ドラマは以上のような意図と性格を持って、圧倒的なシチュエイションドラマとして設定されます。

すなわち——

① 兄妹の新しいかくれ家
② 鉄仮面（仮称）を必要とする事件の勃発。
③ 鉄仮面（仮称）の活躍→同時に宇宙人に発見される。
④ 宇宙人のおこす怪事件おこる。

⑤　兄妹の闘い。
⑥　再び「闘う鉄仮面（仮称）」の登場。
⑦　新たなる旅へ。

これがこのドラマの基本構造であります。前にものべたとおり、②の部分は、時には宇宙人のおこす事件である場合もあります。そして②の部分から③の部分へうつる過程で、兄妹のはげしい葛藤が描かれます。やめろという者がいます。せっかくおちついたのに、何故わざわざ宇宙人に場所をしらせるためのように変身する必要があるのか、と反対するものがいます。言葉より実行と、危機に身をさらして（たとえば濁流の中へとびこむといったような）他人を助けに行くものもいます。

さらに⑤の部分は、兄妹の無言の連帯が美しく描かれます。②から③にわたる争いのしこりは尾をひき、ここでもそっぽを向くもの、早々とにげようとするもの、いろいろですが、しかし、いつか、一つのことに力を合わせている美しさ、それは兄妹という血のつながりの故でしょうか。人間の偉大さなのでしょうか。

ドラマは闘い終わり、ラストの⑦の部分を迎えます。お前たち兄妹がいたから宇宙人に村を荒らされたではないか、とはじめに助けられたことも忘れて、兄妹を追い出そうとする人もいるでしょう。しかしまた、兄妹の心の美しさと、その闘いの勇敢さにいつまでもここにのこってくれという人もいるでしょう。いずれにしても、みじかい間であっても、共に助けあい、共に闘った人々と別れて、明日を求めて旅に出る兄妹の姿は、胸うつ感動を視聴者の心にのこすにちがいありません。

事件の性格

宇宙人の起す事件は、つとめて不自然なものはさけるようにいたします。勿論、宇宙人のおこすことですから、どこか怪しい事件であるにはちがいありませんが、はじめからビルがたたきこわされるとか、東京タワーがへし折られるというかたちではあらわれません。

事件の発端は、ごくリアルです。しかしどこかにおかしいなど思わせるようなものを含んではじまります。

たとえば、一地区のテレビに妙な画像がうつったとか、ある地方の鶏がとつぜん真夜中に一斉にときを告げたとか、ある町にビニールの風呂敷や温室のカバーを高額で買いたいという男があらわれたとか、ある町のタクシーのメーターがいくら走っても上らなくなったとか、ある村の南向きの窓ガラスが正午に一斉に割れたとか、といったかたちです。

それは、その回その回登場する宇宙人の性格によってちがいますが、いずれにしても、そんなに極端な大怪事件としてはあらわれません。

○

しかし、やむをえない事情とはいえ、次男が一応変身した以上、何らかの形で宇宙人が攻撃してくることを予想していた兄弟たちは、この一見何でもない事件に対してただちに行動を開始するのです。

ドラマの舞台と設定

兄妹が、次々とやってくる様々な宇宙人の手をのがれて、あちこちをさすらいの旅をつづけますので、ドラマの舞台も千変万化いたします。

しかし、山村へいっても、近くの山荘であるとか、全国にちらばる父の友人、教え子たちの研究所であるとか、美しい灯台の一室をかりるとかして、兄妹の住む場所は、うす汚れた感じにならないようにつとめたいと思います。

○

そうしたところを転々としながら、兄妹が協力しあってつづける研究とは、父が、兄妹の身体にかくした光子ロケットの設計図を復元することです。父はそれを再現する方法をいいのこさずに宇宙人のため命を落としたのです。この設計図さえ手に入れば、そして光子ロケットが完成すれば、もう宇宙人に地球が狙われることもないわけです。光子ロケットの完成こそ目下の急務です。

○

しかし、いったい父は、どのような方法で設計図を兄妹の身体にかくしたのでしょうか。勿論、刺青であるとか、一部分に傷をつけてそこにマイクロフィルムをかくしたというような形ではありません。果たして、如何に設計図がかくされているか。シリーズのラスト、それが思いがけないやり方で兄妹の身体にかくされていることが判明する瞬間のおどろきと感動――いいかえれば、どのような方法でかくしてあるか、ということも、視聴者の興味をつなげる大きな要素の一つです。

兄妹はそれを発見するため、レントゲン、スペクトル線、光学機械、その他あらゆるやり方でしらべ、推理しあいます。

○

なくなった父は世界的な学者でした。特に父の発明したTG半導体は電気通信や電子計算機に革命をもたらし、そのため父は巨万の富をきずきました。兄妹の生活は、全国どこの銀行でもひき出せるこの父の遺産によっています。従って兄妹は、変装のためにわざと身をやつすことがあったとしても、生活のためにみすぼらしい姿になることはありません。

兄妹の武器

敵は、毎回毎回登場する奇怪な宇宙人です。それぞれ奇想天外な能力と武器を持っています。それに対抗するために、兄妹にも若干の武器を持たせます。

たとえば、地球人に化けている宇宙人を見わけるスペクトル眼鏡。ある種のレシーバー。白光銃、赤光銃。移動や逃走、あるいは追跡のための車。などなどです。

それらを兄妹は一つずつもっていて、時にはそれらのいくつかが組み合わされなければ効果を発揮しないという風にしくみます。たとえば白光銃だけでは倒れない敵も、それに赤光銃が加われば倒れるといった風にです。

○

次男が「鉄仮面（仮称）」に変身するときは、空中高くとび上って、くるりと一回転することによります。特に意味ありげな仕掛けは極力はぶきたいと思います。

○

「鉄仮面（仮称）」の能力は次のとおりです。

① ビルの屋上にもとび上がれる跳力。
② 岩をもくだくパンチ力。
③ 自動車より速い走力。
④ 闘いに強い腕力。

題名について

仮題としてかかげた『故郷は地球』については、余りにおとなしすぎるという御批評があるかもしれません。しかし私たちが敢えてこの題名を提出いたしましたのは、氾濫する空想特撮ものの中で、私たちの作品はちがうのだという意気ごみを示したかったためと、こうした浅い時間帯における題名の常識に挑戦したかったからに他なりません。

と同時に、日曜日のこの時間は、少女たちのみるべき番組がなくなったという事実（8チャンネルの「アタックNO1」は「ミラーマン」にかわります）にのっとり、この番組に少女の視聴者もひきつけたいのです。

更に、この一、二年続いたロックと喧噪の時代は、ようやく飽きられはじめ、これからはバカラック風な優しさ、リリシズムが歓迎されるはずだという考えにも支えられています。

だが、やはり視聴者の中心勢力である子どもたちはあるカッコよさを求めるにちがいありません。そのことに対しては、私たちは各回のサブタイトルを併記することによって充分補えると確信しています。すなわち『故郷は地球・ロッペ星人登場』『故郷は地球・バルム星人登場』といった具合であります。

そして番組イメージとしては現在仮称として使っている「鉄仮面」に素敵な名前をつけることによって、より強力に印象づけたいと考えています。

登場人物

春日光一　二十六才

長男。父の志をつぎ、光子ロケットを完成させることに心血をそそいでいる。冷静沈着、兄妹のリーダーであり、総ての弟妹に尊敬されている。

春日光二　二十三才
　次男。明るく行動力あふれる青年。と同時に正義感は人一倍強い。そこを父に見込まれて「鉄仮面（仮称）」変身の能力を与えられる。いつもはよく冗談をいっては兄妹を笑わせる。

春日光三　二十才
　三男。父を殺した宇宙人に対する憎しみは誰より強い。一徹な男で、多少他人を犠牲にしても早く光子ロケットを完成して宇宙人と闘いたいと思っている。

春日ひとみ　二十一才
　長女。医学部出身の女医の卵。負けん気の女丈夫であるが、一面兄弟思いでやさしいところもある。

春日はるか　十八才
　次女。兄妹のマスコット的存在の末っ子。お茶目で泣き虫で、こわがりで、そのくせ好奇心だけは強い。次々とかわる住居で、すぐ他人と仲良しになれるのが彼女の美点である。

大原道夫　四十才
　父の弟。だが何をしているのかはっきりしない。しつように兄妹を追いまわし、「わしのところへ来い、保護してやる」というが、実は、光子ロケットの設計図をどこかに売るつもりなのかもしれない。兄妹にとっては油断のならない存在だ。父もまたこの弟を最後まで信用していなかった。地球上のどこかの国、あるいは何かの秘密結社と通じているかもしれないし、ひょっとしたら宇宙人とある約束をしているかもしれない。謎の、不気味な人物である。必ず兄妹の居場所をつきとめてくるのも怪しい。

以上が全文である。完成作品『シルバー仮面』は、大原が死の商人という設定になった他は、この企画書『故郷は地球』をほぼ忠実に踏襲した内容である。特に佐々木守が執筆した第一話「ふるさとは地球」、第二話「地球人は宇宙の敵」（注九）は、忠実に企画書のパターンを守っている。

興味深いのは〝事件の性格〟の項で〝宇宙人の起す事件は、つとめて不自然なものはさけるようにいたします。勿論、宇宙人のおこすことですから、どこか怪しい事件であるにはちがいありませんが、はじめからビルがたたきこわされるとか、東京タワーがへし折られるというかたちではあらわれません。事件の発端は、ごくリアルです。しかしどこかにおかしいなと思わせるようなものを含んではじまります〟と明記している点だ。つまり佐々木守は『スペースQ』と『21世紀鉄仮面』の検討用台本（準備稿）の展開を真っ向から否定しているのである。

ここで気になるのが、『故郷は地球』以前、番組の企画書が存在したのか否かという点だ。この番組に関しては現存する資料が少なく、断言は出来ないのだが、同じタイトルでも準備稿によってヒーローの名前が違っていたり、兄妹の年齢が違っていたりすることから、参照するための企画書が存在しなかったのではないかという気がする。だとしたら、その時点では第一話の脚本も書かれていなかった可能性がある。

つまり橋本、佐々木、市川、上原の四人で大まかな設定のみを話し合い、企画書より先に検討用台本が数種類執筆されたのではあるまいか。橋本の証言にある〝どういう路線で、何

（注九）脚本タイトルはそれぞれ「グニャリと溶ける宇宙人」「絵の具のような宇宙人」。

をやるかが決まらなかった〃という状況を示すものかもしれない。

さて、『故郷は地球』の作成時期だが、ある程度の推測は可能である。企画書の〝題名について〃という項には裏番組に関する記述がある。〝日曜日のこの時間は、少女たちのみるべき番組がなくなったという事実（8チャンネルの「アタックNO1」は「ミラーマン」にかわります）にのっとり、この番組に少女の視聴者もひきつけたいのです〃という興味深い記述だ。

『ミラーマン』は『アタックNO．1』の後に予定されていた『長くつ下のピッピ』（注十）が暗礁に乗り上げたため、代替案として急遽決定した番組だった。『ミラーマン』の成立に関しては、拙著『「帰ってきたウルトラマン」の復活』を参照していただきたいが、円谷プロの営業報告書によると、番組制作が決定したのは七一年の九月三日である。そして同月十日の営業報告書の内容は以下の通りであった。

（注十）スウェーデンの児童文学作家、アストリッド・リンドグレーン原作のアニメ企画。監督は高畑勳。原作者からアニメ化の許可が下りなかったため、制作は中止された。

昭和46年9月10日　第1回　企画会議
＊ミラーマン企画条件／性格、能力、設定
＊ミラーマン／キャラクターデザイン
＊第1話サンプルストーリー／ストーリーの方向性最終決定
＊円谷プロ製作スタッフ／決定報告
＊主要キャスティング／候補

＊雑誌掲載予定、動向の報告
＊『21世紀鉄仮面』に関する動向報告
＊具体的スケジュール（草案に基づく）

円谷プロ側も、裏番組となる特撮ヒーローものについて神経をとがらせていたことがわかる。この二つの記述を合わせて考えると、『故郷は地球』が作成されたのは、九月の前半から半ばにかけてではないだろうか？

橋本　脚本家は、佐々木守さんの他に、市川森一さん、上原正三さん、私と親しい方々にお願いしました。とにかく時間がなかったんですが、お二人とも手を貸してくれました。

上原正三は橋本がプロデュースしていた『帰ってきたウルトラマン』のメインライターであったが、十一月十九日に放送された第三三話「怪獣使いと少年」の内容が問題となり、監督の東條昭平とともに、番組を降板していた。

橋本　「怪獣使いと少年」については、私は上原さんに番組を降りてくれとは一言も言っていません。色々なところで、色々な話を聞いて自粛したのかもしれません。

私はむしろ、上原さんもこういうものを書けるようになったことが嬉しかったですね。

それは監督の東條さんも一緒でね。ただ、彼は最初の試写の前に「あれが出来なかった」「これが出来なかった」とずいぶん愚痴をこぼしていました。

「怪獣使いと少年」は、彼の監督昇進作です(注十一)。晴れの舞台じゃないですか。それなのに「そんなことを言ってもしょうがないじゃないか」と、それは彼にきつく言いました。

結局、東條は『ミラーマン』のチーフ助監督に回り、のち監督も務める。企画時から『シルバー仮面』に関わった上原は、佐々木守が去った後、市川森一とともに番組を支えていくことになる。

橋本　企画書を元にホン(脚本)を上げていきましたが、今度は監督がいない。それで山際永三さんを呼んだんです。当初は山際さんを呼ぶつもりはなかったんです。声をかけたら彼も驚いていましたが、それでも「やってみよう」ということになりました。

山際永三は、この頃『帰ってきたウルトラマン』を担当していたが、『シルバー仮面』に参加することになり、番組を第三クールで降板している。

キャスティングも難航したようだが、光一に亀石征一郎、光三に篠田三郎、ひとみに夏純子、はるかに松尾ジーナ、大原に玉川伊佐男という魅力的なメンバーが集結した。

主役の春日光二には、モデル出身で新人の柴俊夫がキャスティングされた。彼を橋本に紹

(注十一)
『帰ってきたウルトラマン』では、という意味。『戦え！マイティジャック』(六八年七月六日〜十二月二八日、フジテレビ系列)で、チーフ助監督だった東條は、第七話「来るなら来てみろ!!」で監督デビューしていた。

介したのは、宣弘社作品の常連監督で、シリーズの後半を担当することになる田村正蔵だった。

橋本　佐々木守脚本、実相寺昭雄監督で第一話というのは、最初から決めていました。実相さん、最初は嫌だ、嫌だと言っていたんですが、「キチッと最初の路線を切り開いて、新しいものを作ってもらえないか」とお願いしました。佐々木さんもいるし、大好きな篠田さんもいるしと言って、首根っこを捕まえてね。篠田三郎さんは、『ガッツジュン』に出演していましたから(注十二)、その縁でなんとか口説いたんです。

第一話「ふるさとは地球」、第二話「地球人は宇宙の敵」の脚本を執筆した佐々木守は、筆者がインタビュアーと構成を担当した『KODANSHA Official File Magazine ULTRAMAN VOL.10』のインタビューで、次のように証言している。

佐々木　これは『ウルトラマン』を実相寺とやっているとき、ふたりで打ち合わせをしていて、「しかし宇宙人にしてみれば迷惑な話だよな。宇宙探検だなんだとかいって勝手に地球から上がってきてね。お前たち邪魔だ、ってバンバン撃たれてね。宇宙人にしてみれば地球人の方が侵略者じゃないか」って言いながら作っていたんですね。いよいよ『シルバー仮面』をやれ、と言われたときにそのときの話を持ってきたんですよ。

(注十二)サードの進藤茂役。

前代未聞のヒーロー

こうしてようやく『シルバー仮面』の制作が始まったが、実相寺組がクランクインしたのは七一年十一月四日であった。しかも当初十二月五日開始の予定が、放送枠が『ミラーマン』とぶつかった関係で一週繰り上がり、十一月二八日になってしまう。

結果、第一、二話のパイロット編を担当した実相寺組は、かなりのハイペースで撮影しなければならなくなった。しかも第一話に登場するチグリス星人の着ぐるみは、まだ前半で出番があるのに、先行して撮影されたクライマックスのシルバー仮面との格闘シーンで下半身が燃えてしまい、フルショットを撮れなくなってしまった。

やむなく照明を落としたり、アップで撮影したりして残りのシーンをしのぐことになったが、そのために第一話の難解さが増してしまったのである。

第一話「ふるさとは地球」は、光子ロケットの秘密を狙って春日研究所を襲撃したチグリス星人（兄妹の父を殺している）との戦いが描かれる。紹介編であり、佐々木、実相寺コンビの特徴であるテーマ性は薄い。

第二話に登場するのはキルギス星人。星人はとある村に兄妹が潜伏していることを知り、テールマチンという毒ガスで村人達を苦しめる。

このエピソードでキルギス星人は、人類が光子ロケットを持つと宇宙の平和を脅かすと考えており、それを阻止するため秘密を奪いに来たのだ。サブタイトルの「地球人は宇宙の敵」は、それを意味している。このテーマはなかなか面白く、従来のヒーローものとは一線を画す発想だった。

第二話は一話に比べてかなり見やすく、ドラマ的にも満足した記憶が筆者にはある。だが多くの視聴者にとって、『シルバー仮面』は異色すぎたようだ。

第一回の視聴率は十四・六％（関東地区ビデオリサーチ調べ）。これは関係者の期待を完全に裏切る結果だった。しかも翌週『ミラーマン』が放送されると、一気に六・二％まで落ち込む。以後、『シルバー仮面』の視聴率は一桁台の低空飛行を続ける。

実相寺昭雄は、自著『闇への憧れ［新版］』（復刊ドットコム刊）の「私のテレビジョン年譜」で、以下のように記している。

私のやった第一話、第二話とも佐々木守の脚本だった。制作会議の席上から『シルバー仮面』には、中々一本の太い芯が見つからなかった。ドラマを優先させるのか、それとも超人のレスリングを優先させるのか？……佐々木守の脚本も、そういった企画のぐらつきを反映していつものような冴えがなかったように思える。それは、そのまま私の演出にも影響してしまった。イメエジが奔放に開花することもなく、得体の知れない性格の番組となった。言ってみれば、怪獣ものをＡＴＧ映画の調子《トーン》で撮ったような奇妙なものが出来上がってしまったのだ。大失敗。それでも、放送前の試写会では大好評だった。「素晴らしい。ここには何かがある」などと宣弘社の小林社長が言っていた。しかし、高視聴率だけが欠けてしまった。そこで二作目以降は鼻もひっかけてもらえなかった。

実相寺は自嘲気味に〝鼻もひっかけてもらえなかった〟と記しているが、干されたわけではなく、監督ローテーションを考えると、次の登板回が来る前に路線変更してヒーローが巨大化することになり、番組を離れたというのが真相ではないだろうか（注一）。

小林社長に関しては別の証言もある。宣弘社の東京本社営業部所属だった渡辺邦彦は、『タケダアワーの時代』で、以下のように証言している。

渡辺　第1話を宣弘社の試写室で上映したときに、作品の冒頭が真っ黒けで、人は全部シルエットで、何やってんだかまるでわからず、「これは放送していいのか」「いくら何でもダメじゃないか」と、場が騒然となったのは覚えています。だって、滅多に文句をつけない小林社長が、「大丈夫かな？」と首を傾げたんだから、尋常じゃないですよ。しかし、一人だけ、営業課長の大本さんが、「いやいや、これは画期的だ。子ども番組でこんな映像を作るなんて前代未聞だ」って、絶賛されたんですよ。

実相寺の映像感覚について、佐々木は以下のように証言している。

（注一）実相寺もみずからの意思で降板したわけではないと、後年語っている。

佐々木　それにしても実相寺の映像感覚というのは特異ですよね。『シルバー仮面』は身体に設計図を隠された兄弟が逃げ回る話でしょう。それでどこかの民家にみんな隠れて、晩飯食べよう、というシーンになるんです。そこでカメラをポンと引くと、ちゃぶ台を囲んでホームドラマそのままの食事のシーンになる。これはやはりこういう番組にはふさわしくない、と言われましたね。それで第1話では、（中略）得体の知れない奴（引用者注・チグリス星人）が設計図を撒きながら逃げていくシーンがあったんですが、あとから聞いたら怒られたと言ってましたね。それはスポンサーなのか代理店なのかはわかりませんけれどもね。

（『KODANSHA Official File Magazine ULTRAMAN VOL.10』佐々木守インタビューより）

第三話「父は炎の中に」、第四話「はてしなき旅」（注二）の監督は山際永三。脚本はそれぞれ上原正三、市川森一である。

「父は炎の中に」に登場するのは、冷たい国からやって来たシャイン星人。星人は春日博士がまだ生きていると兄妹に思い込ませ、焼け落ちた屋敷跡に彼らをおびき寄せる。

屋敷跡の地下室には、春日博士の日記が隠されていた。それこそがシャイン星人の狙いで、不意を突かれた兄妹は危機に陥る。彼らを救ったのは、父が愛用していたランプだった。

父の形見がいきなり飛び回り、熱に弱い星人を追いつめる。霊の存在をほのめかしたちょっと奇妙なエピソードだった。

（注二）脚本タイトルは、それぞれ「光模様の宇宙人」「テレビで笑う宇宙人」。

シャイン星人は巨大化出来るが、合成カットはなぜか星人にピントが合っていない。山際永三は当時のやや混乱した現場の状況をこう証言する。

山際　『シルバー仮面』は、宣弘社が引き受けたんですが、実質制作していたのは日本現代企画とコダイ。狛江に元倉庫のスタジオがありました。二棟あったかな？（注三）特撮班は作らないで、ドラマ部分を担当する本編だけで撮影するという話でした。特撮班にシーンを預ける必要がないという意味では、監督が自由にやれる作品でしたね。特撮だと、合成とかが入ってくるので、本編の監督にはお手上げです。『シルバー仮面』でも合成カットはありましたが、カット数は少ない方がいいという話でしたからあまり使っていません。

第三話は、実相寺さんの第一話、二話とつながっている。だから暗い画調も引き継がなきゃならない。これはあまりうまくいかなかった印象がありますね。

実相寺さんのカメラマンは中堀（正夫）さん、僕の回は小川（大次郎）さんでしたが、助手さんは一緒なんですね（注四）。だから実相寺さんのやり方で撮影してしまって、露出が不足して真っ暗。僕はかなり文句を言いながら撮って、あまり暗いカットは編集で切りました。つまり実相寺さんが露出を絞れ、絞れと言っていたので、助手さんが間違えたんですね。実相寺さんは、照明が当たるポイントが少なく、全体的に真っ暗です。あまりに画面が暗いので、ＴＢＳ映画部の事務の人が、部屋

（注三）現代企画所有のスタジオで、実際は三棟あった。鉄筋コンクリート製で、設計は現代企画社長の小林哲也。小林は『シルバー仮面』の照明も担当している。

（注四）大根田和美。弟は、平成ゴジラシリーズなどのＢカメラを担当した大根田俊光。

の照明を点けてテレビを見たくなったという笑い話が残っていますよ。

第四話「はてしなき旅」は、『スペースQ』の準備稿「怪奇！人間テレックス」を下敷きにしている。「怪奇！人間テレックス」の大まかなストーリーは、以下のようなものだ。

追跡の末、やくざ風の犯罪者を捕まえた刑事は、個人タクシーに乗り込んだ。車内には小型カラーテレビが設置されていて、刑事は犯人の頼みでスイッチを入れる。

画面には監獄の通路が映し出された。するとテレビから不思議なバリアが放射され、それを浴びた犯人は瞬時に監獄に電送されてしまう。そして能面のような顔の看守二人が、犯人を監獄に叩き込む。

刑事が驚いて運転席を見ると、運転手が消えている。制御を失った車は、ビルに激突して炎上した。

ここ一週間、奇妙な失踪事件が続いていた。老若男女、仕事もバラバラだったが、光二は失踪者の共通点に気づく。それは彼らの血液型が皆O型だということだ。

今度は、とある新興住宅地で事件が起こる。家に届いたカラーテレビを観ていた父親が、娘の目の前でブラウン管の向こうの独房に電送されてしまったのだ。

そのことを聞きつけた光二は、問題のテレビを自宅に運ぶ。秀一と徹三が分解してみると、中身はメーカー品とは全く違っていた。

やはり事件は宇宙人の仕業だったのだ。犯人のビラス星人にとって、人類の血、それもO型は飲料水なのだ。

兄妹の中で、O型は四郎だけだ。星人の居どころを突きとめるには、まだ子供である四郎を囮にするしかない…。

この準備稿は、すでに紹介した二本とは異なり、ガリ版で印刷されている。しかもクライマックス前で途切れて、残りは別冊になっているが、そちらは手書き原稿のゼロックスである。つまり、市川森一は締め切りまでに脚本を仕上げることが出来ず、書き上がったところまで印刷して、あとは手書き原稿をまとめたということだろう。

この脚本を元に書き改められた「はてしなき旅」は、『シルバー仮面』最初の傑作となった。春日博士の愛弟子、湯浅博士を訪ねた兄妹だったが、娘の京子がピューマ星人の送ったカラーテレビで監獄へ電送されてしまう。

星人は兄妹を狙ったのだが、テレビを観ていた光二、ひとみはO型ではなく、誤って京子が電送されてしまったのだ。

兄妹の中で、父親と同じO型なのははるかだけだ。彼らは一番若いはるかを囮にするしかなかった。

山際　これは市川森一さんらしいホンでした。彼らしい、血縁を巡るドラマで、僕も納得して撮りました。湯浅博士を演じてくれたのは、大物俳優の伊豆肇さん。

この宇宙人には血が流れていないんですね。だから血縁がわからないというところが市川さんらしい発想です。それで兄妹のうちO型なのは、一番下の女の子だけだと。O型の血液が電送装置に向かってピューッと飛んで行くところがSFです。うまいことを考えましたね。

宇宙人の基地は監獄になっています。シルバー仮面との戦いをテレビカメラが撮っていて、監獄の壁がバーンと倒れるとそこはセットだということがわかる。宇宙人は電波を操っているんだけど、その住みかが張りぼてというところは僕の発想です（注五）。

あれには実はヒントがあります。あの頃、今村昌平監督の『人間蒸発』という映画があったんです（注六）。ドキュメンタリータッチの映画で、出演者が大議論をやっているんだけど、いきなりセットの壁がバタンと倒れて、ドキュメンタリーではなくフィクションであったことがわかる。そのシーンが頭にあったんで、脚本の段階で、市川さんと相談してそういうことにしようと。

事件が解決した後、兄妹のお父さんが一番信頼していた伊豆肇の博士が、彼らを裏切るというところもいいですね。この回は、市川さんのアイディアが横溢して、二人のコンビ作が出来たという感じです。

市川森一は等身大編で、三本の傑作を送り出している。

残る二本は、第五話「明日のひとみは……」、第九話「見知らぬ町に追われて」である。

（注五）
庵野秀明監督の『シン・エヴァンゲリオン劇場版』（二〇二一年）でオマージュされていた。

（注六）
六七年、ATG。突如失踪した男の行方を捜す婚約者と、それに同行する露口茂を追ったドキュメンタリーだが、証言にあるように、クライマックスでフィクションだったことが判明する。

「明日のひとみは……」は、タイトル通りひとみが主人公。春日博士の親友の田所教授が発明したRX光線が、身体に隠された設計図を明らかにするかもしれないと考えた兄妹は湘南大学を訪れる。しかし疑い深い教授は、兄妹の言うことを信じようとしない。

田所教授を演じたのは細川俊夫。丹波哲郎、天知茂、三原葉子などを輩出した新東宝の世紀の珍品と言われる『ソ連脱出 女軍医と偽狂人』（五八年、監督・曲谷守平）で、同社の映画に初主演。以後、主演、助演を含め、多くの作品に出演したベテランである。

仕方なく兄妹は、深夜研究所に忍び込むが、そこでジュリー星人の襲撃を受ける。しかも戦いの最中、ひとみが何者かに拉致されてしまう。

ひとみを宇宙人と勘違いして拉致したのは、ジュリー星人にRX光線の放射学分析書の宇宙語訳を頼まれていた言語学者、三浦だった。

彼は星人に脅され、やむなく宇宙語訳を引き受けていたが遂に反旗をひるがえし、その証としてひとみをさらったのだ。だが、彼女が人間ということがわかり、心惹かれていくのだった。

さすらいの中、忘れかけていた心の安らぎを描いた作品。ひとみに心惹かれる気の弱い青年、三浦を好演したのは東野孝彦（のちの英心）。監督は日活出身で、鈴木清順の助監督だった樋口弘美。樋口は本作品で、清順をリスペクトしている。

ジュリー星人は、RX光線を浴びるとドロドロに溶けてしまう。大原がその事実を兄妹に告げるシーンで、樋口は玉川伊佐男（彼は清順組の常連である）演じる大原が、「RX光線」

という台詞を吐くと、アップで口元を狙いカットインする。これは清順が代表作『けんかえれじい』（六六年、日活）で披露したテクニックだった。

第九話「見知らぬ町に追われて」の監督は、大島渚、実相寺昭雄の助監督で、のちドキュメンタリー畑に身を転じた佐藤静夫。

このエピソードで兄妹を狙うのは宇宙人ではなく、普通の人間である。というのも兄妹に化けたドミノ星人が、葬儀に参列していた三田博士以下を惨殺したからだ。警視庁の鬼頭警部（竜崎勝）と谷刑事（大久保正信）が、執拗に兄妹を追う。

人間が人間に追われる怖さ。宇宙人はそれを知っていて、兄妹を罠にはめる。偽物の兄妹は、本物と戦いドミノ星人の正体を現す。しかし鬼頭は、その事実を認めようとしない。

「そうだ、それが事実だ！　事実はわかっている！　……しかし、その事実は、法も常識も越えてしまう……。あなた方はもう自由だ。どこへでも行って下さい」（注七）

実相寺昭雄は「私のテレビジョン年譜」で以下のように記している。

> この番組で、私が行ったせめてもの功徳は、長年一緒に仕事をしてくれた佐藤静夫君を監督にしたことぐらいだった。彼の力を信じた私の眼は間違っておらず、彼の作ったものが『シルバー仮面』の中で最高の出来となった。

『シルバー仮面』という番組タイトルは、次回「燃える地平線」が最後となる。監督は第

（注七）
脚本でこの部分の台詞はもっと長い。
「（叫ぶ）それが事実だ！　事実は判っているッ！……しかし、その事実は、法も常識も越えてしまう……刑事は法の番人だ。それ以上でも以下でもない法の番人だ。だからこそ私はいま、法のために事実を……まったくの話、法のために事実をデッチ上げるしかないじゃないか……。（淋しく兄妹たちを見て）あなたたちはもう自由だ……どこへでも行って下さい」
なお、完成作品でははるかは大阪京南大学の阿部教授宅にいることになっているが、脚本では出番がある。本エピソード以降、松尾ジーナ演ずるはるかは、シリーズから消える。

九話と同じ佐藤静夫、脚本は上原正三である。このエピソードで衝撃的だったのは、光子ロケットの格納庫でタイタン星人を倒した後、兄妹は、そこで完成したエンジンを発見してしまうという唐突な展開だった。これまでの彼らのさすらいは、一体何だったのだろう。

そして番組は佐々木守が脚本を執筆した第十一話「ジャンボ星人対ジャイアント仮面」から、タイトルが『シルバー仮面ジャイアント』となる。この路線変更で、番組当初から関わってきたコダイのメンバーは降板、監督は第十一話を手がけた田村正蔵以下、外山徹、山本正孝といった職人肌のメンバーに替わり、ドラマのムードは一変してしまう。

佐々木　そのうちにシルバー仮面を大きくする、という話になって「大きくなるところだけお前が書け」と橋本さんに言われて書いたんですけどね。

――あれも大国を皮肉ったような話ですよね。宇宙人が侵略した星に旗を立てている。それで領土権を主張していることに対して、主人公側が怒っている。

佐々木　当時は、ああいう馬鹿なことをよくやってましたね。でもああいったことをやらせてもらえたというのは、やはり橋本さんのお陰ですよ。局プロが駄目だと言えばそれでおしまいですからね。代理店がこれはやばいんじゃないか、と言っても橋本さんが、これでいいんだ、と言ってくれたと思うんですよね。(『KODANSHA Official File Magazine

ULTRAMAN VOL.10』佐々木守インタビューより）

第十一話から、レギュラーとして宇宙研究の権威で、津山宇宙科学研究所の所長、津山博士（岸田森）とその娘リカ（北村佳子）が新たに加わる。兄妹は津山博士と共同で、光子ロケットの研究を続けるという設定になった。

「ジャンボ星人対ジャイアント仮面」で兄妹は、完成した光子ロケットの試験飛行で宇宙に飛び立つ。しかしアンケプロ星で巨大なサザン星人に襲われる。シルバー仮面はエンジンから漏れた光子エネルギーの作用で巨大化したという設定である。

山際　ある日、僕と宣弘社の番組担当者、それに橋本さんの三人で飲んでいて、宣弘社の人が「どうしてもシルバー仮面を巨大化しないと駄目だ」と言うのを脇で聞いていたんです。

ヒーローの巨大化は、橋本さんには辛い判断だったと思います。僕も嫌だったんですが、お付き合いしなければならないだろうと思っていました。それで二本だけやって辞めたんです。脚本はどちらも市川さん。僕としては、中身は面白かったと思います。

山際が手がけた二本とは、第十四話「白銀の恐怖」と第十五話「怪奇宇宙菩薩」である。「白銀の恐怖」は雪山が舞台。一年前、スキー場で知り合った山部アヤ子（関かおり）の誘いで、光二は越後のスキー場に赴く。だがそこで彼は、不思議な機織《はた》りの音に導かれて吹雪に巻き込まれ、行方不明になってしまう。

光二を探しに来た光三も、機織りの音を聞く。するとある古民家で、老婆が機を織ってい
た。老婆はアヤ子の母親だった。彼女が言うには、今から二ヶ月ほど前、アヤ子は反物を問
屋へ届けに行く途中で行方不明となり、三日後、死体で発見されたのだという。

山際　篠田三郎さんがスキーを出来るということだったので、じゃあ、雪山にしようよと。上越のスキー場が舞台でした。機を織る、雪山に住んでいる親子の悲しい物語は、いかにも市川さんという感じですが、話がややわかりにくいという印象を受けました。仕上がりは、まあまあでしたね。

「怪奇宇宙菩薩」は、観音像（鬼姫観音）に隠れて新幹線を破壊するボルト星人が登場する。
観音像に両親を殺された小学生の忠二（矢崎知紀）は、観音様を手製の爆弾で破壊しようとする。

山際　あの観音像は大船観音です。大船には三回ロケに行きましたが（注八）、観音様のお寺という設定のロケセットで、少年が泣き出すというシーンが中盤にあります。

当時、僕は各劇団の子役をリストアップして研究していたんですが、この時の子役は、見た目だけで選んでしまったので、演技が出来なかったんです。泣いてくれと頼むと、手を目の前

（注八）
山際が記録したスケジュール表によるとロケに行ったのは一回である。
なお、山際組のスケジュールに関して判明しているものは巻末にまとめてある。

に持っていって泣いているふりをしてしまう。手でごまかしちゃいけないって言ったんですが、何度やっても出来ないわけです。

それで相当時間を食って、スタッフはイライラしてくるわけです。演技の出来ない子役を選んで、監督もしょうがないなあ、と思っていたんじゃないでしょうか。

それでとうとう、僕が「今日はやめだ！」と言ったら、彼が途端にワーッと泣き出したんです。それで「さあ（カメラを）回せ！」と。それは今でも鮮烈に覚えていますね。

橋本さんには、僕が路線変更を嫌がっているように見えたんでしょうね。それで『シルバー仮面』を降板して、『ウルトラマンA』に第三話から入ったんじゃないでしょうか。

『シルバー仮面ジャイアント』は、市川森一と上原正三がメインライターであった。その中で市川は、親子の情を描いた第十八話「一撃！ シルバー・ハンマー」、上原はお得意のアンドロイド少女もの、第二一話「シルバーアローがえし」という佳作を送り出すが、視聴率は相変わらず低迷し、二クール二六話で終了する。

市川森一は『市川森一ファンタスティックドラマ集 夢回路』（柿の葉会刊）で、以下のように語っている。

「シルバー仮面」の企画に乗ったのは、ウルトラマンと違って主人公の兄弟が組織の一員ではない、普通の家族愛からも疎外されたさすらいびとであるという部分、それだけです。それがなければただの兄弟愛、人間愛の話ですからね。彼らがもっと大きな社会正義に追い詰められていく姿が捉えられると思った。アメリカのテレビシリーズ「インベーダー」（注九）のように、SF的にもアイディアが入っていて、かつ人間ドラマとしても面白い、大人の観賞に耐える作品を作りたいという意欲に燃えていたんです。しかしそれは挫折しましたね。途中からシルバー仮面が巨大化し、さすらいの設定がなくなった時は屈辱的でした。

橋本洋二は『シルバー仮面』を総括し、以下のように証言している。

橋本　『シルバー仮面』というのは、時間がなかったせいもあって、結局、成熟しきらない、生《なま》のものが出来てしまったという思いです。ただ、作品自体は嫌いじゃありません。

（注九）『逃亡者』と同じクイン・マーチン・プロダクションが、SF版の『逃亡者』を狙って作ったテレビ映画。日本での放送は六七年十月四日〜七〇年七月二五日（NET系列、中断あり）。『ミラーマン』は本作の影響を強く受けている。

第一部

完全なる超人

後がないシリーズ

一九七一（昭和四六）年四月二日、『ウルトラセブン』の終了から二年半あまり、『帰ってきたウルトラマン』は、TBS、円谷プロ、そして視聴者、三者三様の期待を背に、ブラウン管に登場した。第一回「怪獣総進撃」の視聴率は二六．四％、堂々たる数字である。しかし関係者にとっては、満足のいくものではなかったという。番組のTBS側プロデューサーだった橋本洋二は当時を回想する。

橋本　『ウルトラマンA』に至る道は、『帰ってきたウルトラマン』の十三、十四話までさかのぼります。どういうことかと言うと、『帰ってきたウルトラマン』は、最初はかなり期待されたんです。視聴率は三〇％くらい取るんじゃないかと言われたんですね、やはり過去の実績がありますから。ところが蓋を開けてみると二〇％台で、しかも二話以降は転げ落ちていったんです。

タケダアワーで放送された円谷プロ制作の〝ウルトラシリーズ〟（当時の名称）、すなわち『ウルトラQ』『ウルトラマン』『ウルトラセブン』は、三〇％台の視聴率が続出した人気番組だった。

三作目の『ウルトラセブン』は、制作者側の思惑と、メインの視聴者だった小学校低学年の期待のズレで、三クール目以降は厳しい戦いを強いられたが、第二四話の「北へ還れ！」（三〇・一％）まではコンスタントに三〇％台の数字をはじき出していた。

一方、『帰ってきたウルトラマン』は第二話「タッコング大逆襲」が二五・一％、第三話「恐怖の怪獣魔境」が二二・六％と右肩下がりで、第四話「必殺！流星キック」は十九・八％と、二〇％を切ってしまう。以後、何本かの例外はあるものの、十％台半ばから後半の数字を行き来する状態に陥ってしまう。第十五話「怪獣少年の復讐」では、それまでの最低視聴率十四・三％を記録し、『ウルトラセブン』の最低視聴率十六・七％（第四一話「水中からの挑戦」）よりも低い数字となってしまった。TBSにとって、これは由々しき事態だった。

原因はいくつか考えられる。『帰ってきたウルトラマン』は、当時のラディカルな世相を反映したような、組織内の対立のドラマだった。MAT隊員達は（主に主人公の郷と他の隊員達が）毎週のようにいがみ合い、反目した。つまり初期のエピソードにおける最大の敵は怪獣ではなく、MATという組織の内側に存在したのである。それゆえ、本来主役であるはずの怪獣の魅力が薄れてしまい、子供達の共感を呼べなかったのだ。

また予算的な制約で、第三話以降、山中など、殺風景な場所での戦いが続いたこともマイナスだった。さらに第四話「必殺！流星キック」、第六話「決戦！怪獣対マット」と、ウルトラマンが怪獣に敗れる展開が一週空けて続き、伝家の宝刀スペシウム光線でスカッと怪獣を倒す無敵のウルトラマン、という方程式が崩れたことも原因の一つとして挙げられる。

橋本　プロデューサーにとって重要なのは、番組とその路線を続けていくことです。ところが局内では、このままでは番組は二クールで終わり、この路線は潰れるという話をしている人もいたんです。ですからこの数字は、とてもまずい結果でした。シリーズを存続するためには、ここで気合いを入れて、局で影響力のある人を説得しなければならないと思いました。

そこで熊ちゃん（熊谷健、円谷プロ側プロデューサー）（注一）と上原（正三）さん（メインライター）に会って話したんです。「このままだと二六本（二クール）でなくなるよ」と、あけすけに伝えて、熊ちゃんには「ウルトラマン、ずっと山の中でずいぶん楽をしただろうけど、特撮って、そういうものじゃないだろう」と釘を刺しました。

それに対して熊ちゃんは「わかりました。何でもおっしゃって下さい。上原も何でも書いてくれ」と。上原さんも、（番組に対する）雰囲気がよくないことはわかっていて、よし、頑張ろうということで、あの十三話、十四話を書いてくれたんです。

上原正三脚本、冨田義治監督による第十三話「津波怪獣の恐怖　東京大ピンチ！」と第十四話「二大怪獣の恐怖　東京大龍巻」の前後編には、シーゴラス、シーモンスという夫婦怪獣が登場し、二頭はピンチに陥ると天変地異を巻き起こす。

前編の見せ場は大津波、後半は大龍巻で、二つの天変地異が大東京を壊滅の危機に陥れるという大スケールのプロットを上原は提供した。そしてそのイメージは、特殊技術の佐川和夫の手によって、テレビ特撮の枠を超えた大迫力の特撮シーンとしてフィルムに焼きつけら

（注一）
第十三、十四話のプロデューサーは、クレジットでは円谷一と斉藤進になっている（熊谷はこの前後編でシーモンスとシーゴラスの怪獣デザインを担当）。熊谷健がプロデューサー補としてクレジットされるのは第三クールから。従って、橋本が話した相手は斉藤だった可能性が高い。だが、熊谷は番組の企画時から制作部の要として深く関わっていたため、同席していた可能性もある。斉藤はこの前後編の後、本来の職務だった制作デスクに戻る。

れたのである。

橋本　特撮で色んな工夫をしてくれて、スタッフは大変だったと思います。あまり事情を知らないツブちゃん（円谷一）（注二）が現場を見て、「お前ら、会社を潰すつもりか！」と怒ったようですね。

　十三話、十四話は編成、番宣、営業の主だった人達に集まってもらって、局内で試写をやりました。のちに社長になる磯崎（洋三）さん（注三）とか、「これは大変だ。こんなに一生懸命やっているのか！」と驚いていました。これでこのシリーズ（の延長）は、安泰だと思いましたね。

　この前後編が直接のきっかけとなったわけではないのだが、『帰ってきたウルトラマン』の視聴率は徐々に回復していく。ウルトラセブンが登場した第十八話「ウルトラセブン参上！」や、ＭＡＴの隊長が交代する第二二話「この怪獣は俺が殺《や》る」などのイベント編の効果もあり、第二三話「暗黒怪獣 星を吐け！」（二三・四％）以降、二〇％を大きく超える数字を再び叩き出すようになる。こうして『帰ってきたウルトラマン』は、四クール、全五一話を乗り切ったのである。

（注二）
円谷英二の長男で、ＴＢＳ初期を代表するディレクター。七〇年末に退職し、この当時は円谷プロ代表取締役。『帰ってきたウルトラマン』第二クールでは、プロデューサーとして単独でクレジットされている。

（注三）
編成部出身で円谷一と仲が良く、一が局員時代に監督した日仏合作ドラマ『スパイ・平行線の世界』第四話「介入」では、編成部員としてニューヨークロケに同行している。ＴＢＳ社長としての在任期間は九一年十月九日〜九六年五月一日。オウム真理教によって殺害されることになる弁護士、坂本堤が同教団を批判するインタビュー映像を、『3時にあいましょう』のスタッフが放送前に教団幹部に見せた、いわゆるＴＢＳビデオ問題で社長を退いた。

三つの企画書・一

『ウルトラマンA』の企画がいつ始まったのかはよくわからない。ただ、番組の最終的な企画書は『新番組企画 特撮超獣シリーズ ウルトラA』で、第一、二話の準備稿である「緑の星に生まれた子よ!」「大超獣を越えてゆけ!」と一緒に七二年一月二七日に印刷されている。『帰ってきたウルトラマン』の最終的な企画書『特撮怪獣シリーズ 帰って来たウルトラマン』は七〇年十二月十九日、第一話準備稿「不死鳥《フェニックス》の男」が七一年一月十三日だから、前作とスタート時期はほぼ同じだったのではないだろうか。

そして番組企画がまとまる前、三人の脚本家によって三種類の企画書が執筆されている。その三人とは、市川森一、上原正三、田口成光で、それぞれ『未来科学シリーズ ウルトラハンター』『新番組企画案 ウルトラファイター』『新企画案 ウルトラV』という仮タイトルの企画書を執筆していた。

新番組の企画を同時に三人の脚本家が担当するのは、円谷プロではかつてない試みである。以下、それぞれの特徴的な部分を企画書から抜粋しつつ紹介しよう。

まずは田口成光による『ウルトラV』の冒頭、〝企画意図〟の引用である。

――

『ウルトラQ』に始まって、『ウルトラマン』『ウルトラセブン』『帰ってきたウルトラマン』とつづくご存知ウルトラシリーズは、今や子供たちの日常生活の中に定着し、子供たちとともに育ち、子供たちとともに作っている感がします。

新企画〝ウルトラV〟はあくまでこれまでのウルトラシリーズの系列に組して考えたものです。

○明解な設定。
○ユニークな超獣たちの出現。
○カッコいいヒーロー。
○奇想天外、スピーディな話し運び。
○特撮シーンのパワーアップ。

これらの条件を前提として、これまでのウルトラシリーズに優るとも劣らない面白いシリーズにする考えです。

〝ウルトラV〟の〝V〟は勝利を意味します。

この企画書では、怪獣に代わるキャラクターとして超獣の存在が明記されている。

田口　超獣というのは僕の命名です。あるとき、佐川（和夫）さんが、「超獣ってどうやって現れるんだ」と聞いてきたんで、第三話の「燃えろ！　超獣地獄」の脚本に〝空を破って現れる〟って書いたんですね。それを佐川さんは鈴木清順のイメージで撮った。つまり空が割れてバキシムが現れるんだけれども、バックのホリゾントが真っ赤でした。
それまでは、海や地中からだったでしょう。超獣は怪獣を超えるという意味です。だから出現の仕方も従来と違ったものにしたかった。『ウルトラV』の企画は、そこから始まりました。

その超獣について、田口は企画書で以下のように記している。

超獣は、これまでのウルトラシリーズに登場したどの怪獣、どの宇宙人とも異なります。そこに超獣のユニークな点があります。超獣とは、宇宙人がビッグマシーンを使って作りあげた巨大生物のことです。しかも地球上の生物と宇宙の生物を合体して作るのです。ですから宇宙生物と地球生物の特徴を兼ねそなえています。

以下、アリと宇宙怪獣が合体して出来たアリモン、電気ウナギとチョウチンアンコウが合体したエレキアン、コンドルと宇宙恐竜を掛け合わせた怪鳥コドンの説明がある。
『ウルトラマンA』初期のエピソードでは、宇宙翼竜と古代カメレオンの合体したカメレキング、イモムシと宇宙怪獣の合体であるバキシム、肉食のアリと宇宙怪獣の合成生物アリブンタが登場するものの、それらは設定に留まり、劇中でははっきりと描かれなかったものがほとんどだった。
合体という手法は、まずは見た目で既存の怪獣との差別化を図ろうという発想だが、そこで思い出すのが、『仮面ライダー』のゲルショッカー編に登場した合成怪人だ。シリーズの長期化により、それまでの改造人間というキャラクターがマンネリ化したための施策である。その第一号ガニコウモルが登場するのは、七二年九月二三日放送の第七八話「恐怖ウニドグマ＋ゆうれい怪人」で、『ウルトラマンA』の方が半年近く先んじている。その意味で超獣という発想は、キャラクターのマンネリ化にいち早く対応した新機軸だったと言える。

そして、田口の企画書でヒーローはVマンと呼称されている。

〝Vマン〟登場

このシリーズのヒーローです。

両手首にはめた星形のブレスレットを十字に組み合せると、激しくスパーク、閃光につつまれて〝Vマン〟に変身します。Vキック、Vチョップは強烈ですが、最大の武器はキックの時、足先から発射されるVホーク（槍）です。全長50メートル。空を自由に飛ぶこともできます。

このようにヒーローの名前に〝ウルトラ〟が付いていないのだが、仮タイトルなので、そこにあまり意味はない。ヒーローの設定に新機軸は感じられないが、Vホークは、のちに田口がメインライターを担当した『ウルトラマンレオ』（注一）のレオキックにイメージが重なる。

（注一）
七四年四月十二日～七五年三月二八日。

〝シリーズの設定と展開〟


アンドロメダ第13星雲のサタン星は悪魔の星と恐れられている星です。サタン星人は残酷非道な侵略者です。

その宇宙征服の野望を抱くサタン星人が〝青く輝く宇宙のエメラルド〟と呼ばれるわが地球に侵略目標をおいたのです。

サタン星人は〝マシーンQ〟と呼ばれる未来科学の粋を集めて建造された万能宇宙船に乗って現われます。

サタン星人は、三次元と四次元を自由に往復できる恐るべき能力を持ち、神出鬼没、東京上空に現われたかと思うと、太平洋上でタンカー船を撃沈させて姿を消したりします。

また彼等は超獣たちをいろいろな場所から送りこんできます。海底、地底、空中、宇宙と超獣たちはその性格により出現する場所も違います。


『ウルトラV』に登場する防衛隊は〝特別科学部隊〟(通称特科隊)とされ、隊長は責任感の強い山中重雄(四〇歳)。以下、特科隊の頭脳、細野久(二五歳)、柔道五段の巨漢、大熊伝一(二五歳)、坊やがあだ名の新米、新川保(十八歳)、紅一点の美女、藤尾良子(二〇歳)、そしてVマンの正体は竜五郎(二三歳)で、サタン星人に侵略されて滅んだ星の最後の生き残りという設定だ。つまりウルトラマン達とは別の宇宙人であり、この設定は『ウルトラマンレオ』の主人公、おゝとりゲンに生かされる。

上原正三の手による『ウルトラファイター』も、なかなか挑戦的な企画書である。〝ウルトラファイターとは………御存知ウルトラシリーズに登場する五番目の男の物語です〟という文言で始まり、企画意図では、ウルトラ兄弟の登場が謳われている。

子供の世界では、ウルトラマン、ウルトラセブン、帰ってきたウルトラマン、そして初代ウルトラマンを迎えに来たゾフィーを『ウルトラ四兄弟』と呼び、子供たちの生活の中に生きております。

そこで、私たちはウルトラの五番目の兄弟となる超人ウルトラファイターを子供の世界に送りたいと思うのです。ですから当然、この『ウルトラファイター』の中には、歴代のヒーローが登場しても決して不思議ではないシリーズにしたいのであります。

ウルトラシリーズの決定版！

それが、この『ウルトラファイター』であります。

実は三本の企画書でM78星雲、光の国出身のヒーローは、このウルトラファイターのみである。ウルトラファイターの正体は、科学特捜隊ウルトラレインジャーの天野潤《みつる》隊員で、右手の指にはめたリングで変身する。

ウルトラファイターは、怪獣アルファーに襲われた大石博士を、命を懸けて守ろうとした天野の姿に感動し、彼と一体化するのだ。一方、敵対する怪獣であるが、子供達の人気を集めるための斬新な怪獣が、続々と登場すると謳っている。

ここまでは従来のシリーズを踏襲した設定なのだが、本企画書の際立った特色は、主人公達が戦う相手が、宇宙人ではなく地球人だという点だ。その名を竹中博士といい、地球の人口問題を解決するには、人間の大きさを半分に縮小したり、人類の半分を冬眠させたりすればよいといった、超科学的な発言で一大センセーションを巻き起こし、すでに人体実験まで開始していたマッドサイエンティストである。以下、竹中博士に関する部分を採録する。

☆　ウルトラファイターは何をするのか……

竹中博士は人間でありながら、人間を憎みあわよくば人間を全滅させ、地球を自分だけのものにしようと企んでいます。

その博士の作り出したハーフ怪獣が都会などを襲う時、必死に闘うのが、ウルトラレインジャーと云うグループなのです。（中略）

☆　竹中博士とは……

毎回、次々と新しい怪獣を地球に誕生させます。

そして、自分は野次馬の中でコントロールマシン片手に身を隠して、自分の怪獣の活躍を見に来ます。

ウルトラファイターの活躍に渋い顔をして「今に見ていろ！　この次こそ……」と次の陰謀を企みます。

この竹中博士は変装がうまく、毎回巧みな変装で、そっと人混の中に隠れています。


竹中博士が作り出すハーフ怪獣とはいかなる存在なのか？　企画書はそれを明らかにしていないが、博士が怪獣をコントロールしているところから、一種のサイボーグ怪獣だったのかもしれない。

科学特捜隊ウルトラレインジャーの隊員達は、以下の通りである。正義感の強い主人公、天野潤（二三歳）、頑固一徹の鬼隊長、佐賀誠（四〇歳）、おしゃべりな三枚目、細田勇（二三歳）、気が強く手も早いおチビさん、小川一郎（二二歳）、臆病だが馬鹿力のある巨漢、大田大三（二五歳）、責任感のある優等生、笈田宏（二四歳）、文武両道の紅一点、美川のり子（二〇歳）、この七人が、竹中博士が送り込む怪獣と戦う勇者達なのである。

三つの企画書・二

最後は市川森一による『ウルトラハンター』である。冒頭に〝アンドロメダ宇宙軍団〟という見出しがあり、シリーズに登場する敵について説明されている。以下引用する。

地球は狙われている……（注一）

果てしない遠い宇宙の暗黒の彼方から、怖るべき悪魔の群れが、みどりの地球めざして秘かに行軍を開始した。

その敵、アンドロメダ宇宙軍団の円盤二十六艇！

宇宙軍団は太陽系の火星上空に駐屯して、一船……また一船と地球へ潜入してくる。

その巨大な円盤の中には、想像を絶するさまざまな悪魔の申し子たち、ベム（宇宙怪獣）が息を殺しているのだ。

彼らの使命は、地球上のあらゆる文明の破壊！

目的は、地球侵略である。

これらの敵と戦い、我らの地球を守る勇者は誰か?!

スーパーマンのリボリューション！


次に〝ウルトラハンター〟の説明となるが、ここでは男女合体変身がはっきりと謳われて

（注一）
金城哲夫が執筆した『ウルトラセブン』第一話「姿なき挑戦者」冒頭のナレーションと同じ出だし。

いる。そしてそれが〝スーパーマンのリボリューション〟という意味なのであろう。


人間の『男』がもつ勇気……

人間の『女』がもつ平和を願う心……

此所に登場するウルトラハンターは、従来の〈一人の男=スーパーマン〉の既成概念を覆し、列座する他のすべてのスーパーマンのパターンを打ち破って躍り出た新らしいタイプのスーパーマンであります。

〈男+女=スーパーマン〉

つまり、ひとりのアダム（青年《ヒーロー》）とイブ（乙女《ヒロイン》）の、この二人の男女が、空中回転タッチで合体することによって、ひとりのスーパーマン=ウルトラハンターが生まれるのであります。

（中略）

ウルトラハンターは——

人類が、その本質的な悲願として求め続けてきたパーフェクトな理想像、それは男でもない女でもない超越者として、同時に、男のもつ勇気と、女のもつ平和を願う心の合体によってなる人類の守護神的存在として、宇宙からの侵略者（アンドロメダ軍団）（原文ママ）の魔手のまえに大きく立ちはだかるのであります。


ウルトラハンターの能力としては〝全長八〇メートル〟〝一人で第七艦隊以上の戦力〟等

が設定されている。また男女合体変身という、過去に例のないアイディアだけに（注二）、〝現代のアダムとイブ〟と位置づけられた二人の設定は、他の企画書以上に念入りに書き込まれている。

北斗星司（18）本篇のヒーロー

地球連合軍・極東基地の最年少隊員。札つきの暴れん坊だが、勇気と正義感も人一倍強い好漢。

生まれついての孤児院育ちのせいか自立心が強く、考えることが苦手で行動が先に立ち、よくいさみ足をしては隊長や先輩隊員たちに大目玉を喰らうこともしばしば。

彼の実行力過多の部分のブレーキ役となるのが、パートナーの南七子の役目である。

南　七子（18）本篇のヒロイン

同基地の女子隊員（コンピューター・プログラマー）。パートナーの星司が『動』なら彼女は『静』の性格をもつ。高名な未来学者南　泰一郎の一人娘である七子は、父の頭脳をそのまま受け継いだような、全ての作戦行動にさいしても冷静沈着な判断を下して実行に移る。

ややせっかちな星司が、いち早やくウルトラハンターになりたがって七子に同意を求めても、なかなかＯＫのサインを出さないので二人の喧嘩は絶えることがない。性格的に言え

（注二）
合体変身というアイディア自体は東映制作の『超人バロム・1』の方が早い。ただしこちらは少年同士の合体。原作はさいとう・たかをの漫画『バロム・1』で、七〇年から約一年間『週刊ぼくらマガジン』（講談社刊）に連載された。

ば、ことごとく正反対の相棒であるが、そのためか逆に相性はいいらしく、基地内でも星司の失敗をかばっては結構仲良くやっている。

無類に美しい容姿であることは言うまでもない。


アンドロメダ宇宙軍団の攻撃で恋人のあや子を失ったガソリンスタンドの店員、北斗星司は思い出の黒姫山に登るが、嵐で道に迷い、たどり着いた山小屋で南と出会う。

南もまた、同じ攻撃で恋人の直人を失っていたが、北斗の容姿は直人と瓜二つだった。しかも二人の誕生日は同じ七月七日。

嵐の去った夜明け前の空に現れた火の玉が、二人を包み込む。その中で、ウルトラハンターを名乗る銀河連邦（注三）の使者が、力を合わせて人類を未曾有の危機から守れと啓示を与えるのだった。

手を取り合って荒野に倒れる二人の腕には、銀河連邦の一員たる十字の印が刻み込まれていた。

この項には、変身方法として〝ウルトラタッチ〟が明記されている。


—合体変身の方法—

駆け寄る星司と七子、「ウルトラタッチ！」の掛け声と共に空中に跳躍した二人の身体が、十字を切って交叉した瞬間、タッチした右手と右手がスパークして光芒一閃！ウルトラ

（注三）
銀河連邦とは、『ミラーマン』など、円谷プロ制作の他のヒーロー番組を、一つの世界観でまとめ上げるために構想されたもののようで、今で言うMCU（マーベル・シネマティック・ユニバース）やDCEU（DCエクステンデッド・ユニバース）のようなものだったようだ。

——ハンターが登場します。

北斗と南が所属する地球連合軍は、以下のような設定である。

一九八十年、アメリカの航空宇宙局《ヒューストン》の遠隔レーダーが太陽系に潜入したアンドロメダ宇宙軍団の編隊をキャッチしたことを皮切りに、国連が秘密裡に各国に呼びかけて組織した地球防衛軍。

〈極東基地〉
和歌山県、白浜の南端の地下深くに設置された秘密基地。
超メカニズムの近代兵器と少数精鋭の隊員たちが、宇宙軍団のくり出す宇宙怪獣と日夜苛烈な戦闘をくり広げている。

そして隊員達の構成は、極東基地内の突撃部隊（通称Z隊）の精鋭を指揮する鬼隊長、疾風大次郎（三八歳）、剣道六段、サムライの異名を取り、名刀村正を携えて攻撃に挑む隻眼の伊達兵馬（二七歳）、射撃の名手で元国際秘密諜報員、クールガイの吉村公三（二五歳）、熊本の山寺の住職の息子、コメディリリーフの夢野雲海（二四歳）に北斗と南を加えた六人で、やや漫画的なキャラクターが並ぶ。

ところで男女合体変身についてだが、『KODANSHA Official File Magazine ULTRAMAN VOL.7』のインタビューで、熊谷健は以下のように語っている。

熊谷　『ウルトラマンA』はそれまでと違う路線、それに女の子にも好かれるものを、ということで男女合体を考えたんです。あれは偶然、僕が書いた企画書にも市川森一さんが書かれた企画書にもあった発想でした。市川さんは作家ですから、彼に任せましょう、と僕の企画は引っ込めたんですよ。というのも両方がぶつかってしまうと企画が動きませんし、プロデューサーとしては彼にやる気を起こさせないといけないでしょう。

熊谷が書いたとされる企画書は、今のところ現存が確認されていない。熊谷も市川も故人であり、この証言についての検証は、これ以上不可能なのだが、企画当時における出来事の一つとして記載しておく。なお、『帰ってきたウルトラマン』でプロデューサー補だった熊谷は、本作から正式に円谷プロ側のプロデューサーとしてクレジットされることになる。

話を三人に戻そう。市川森一、上原正三、田口成光という個性的な脚本家達の手による『ウルトラハンター』『ウルトラファイター』『ウルトラV』という三本の企画書は、企画会議にかけられた後、市川の手によって『新番組企画案 ウルトラファイター』にまとめ上げられる（同タイトルだが、上原の書いたものとは別）。

田口　神楽坂に和可菜《わかな》という旅館があったんです。女優の木暮実千代《みちよ》さんの妹さんが女将《おかみ》で、小説家や脚本家が籠もって原稿を書く宿でした。

そこは石堂（淑朗）さんの紹介で（注四）、上原さん、市川さんと二日三日籠もったと思います。同じ頃、石堂さんがいて、小説を書いていました。橋本（洋二）さんや熊谷さんは夜旅館に来るんで、昼は三人でパチンコに行ったりして、それから別々の部屋で書くんです。

橋本さんは作家の個性を引き出すのが得意ですね。三人が書いたものを、最後に市川さんが、今までのシリーズと違うところを集めて一本にまとめたわけです。

三本とも、番組全体を通して登場する共通の敵が出てきますが、三人で打ち合わせたという記憶はなくて、過去との差別化でたまたまそういうことになったんだと思います。

共通の敵という設定について、市川森一は、筆者との過去のインタビューで、以下のように証言している。

市川　『仮面ライダー』みたいにね。基本の悪の権化というのは、そこから様々に形を変えた悪が出てくる。それはまさに神対悪魔の、言ってみればダンテの『神曲』のような、神話の世界に近いものを、僕の徹底した好みでやっちゃったから。実は、『仮面ライダー』の初期、僕と上原も参加していましたから、あの頃、悪の権化的なものを設定したのは、僕らだという意識がありますね。それを『ウルトラマンA』の方に持ち込んだ、というこ

（注四）
和可菜は松竹の監督、脚本家がひんぱんに利用しており、山田洋次も常客だった。なお石堂は松竹の助監督出身である。二〇一六年閉館。

とじゃないかな?」(『KODANSHA Official File Magazine ULTRAMAN VOL.6』市川森一インタビューより)

三人の脚本家を競わせるという試みには、『帰ってきたウルトラマン』以上の企画を産み出そうという橋本の気迫が感じられる。そして前作の上原正三に代わって、シリーズのメインライターを市川森一に、というのは、橋本洋二の当初からの構想だった。

田口 橋本さんが市川さんに、「お前が上原を引き継げ」と言ったんですよ。

橋本 次回作のために編成局を口説く文句が必要でした。そこで市川森一を前面に出そうと考えたわけです。つまり、当時売り出し中の若手作家が書いているというのを売りにしたわけですね。

市川 メインライターでどうか、と橋本洋二さんに言われたとき、設定もヒーローのありようも、今までにないものを、それから一番自分が、ものを書くときに基本線にあるものをやろうということで、聖書から色々と材を取ったんですよね。ウルトラマンエース(原文ママ)の誕生の仕方も、アダムとイブが合体して完全体となる。いわば観音様に近いような、男でもない、女でもないというヒーローの誕生の仕方を一番基本にしました。

（『KODANSHA Official File Magazine ULTRAMAN VOL.6』市川森一インタビューより）

こうして出来上がった企画書『ウルトラファイター』で、『ウルトラマンA』の骨格はほぼ完成する。企画意図は『ウルトラハンター』の内容が使われており、番組の特色として男女合体変身と超獣の登場が謳われ、シリーズの設定と展開は『ウルトラV』の内容が使われている。

この企画書で新しい部分と言えば、地球防衛組織としてＴＡＣが設定されたことだろう。以下、採録する。

ＴＡＣ（タック）とは……

Terrible–monster Attacking Crew　の略称です。

つまり、恐ろしい怪獣（このシリーズでは超獣と呼ばれます。）をやっつけるために組織された国際的なグループ、「超獣攻撃隊」のことです。

ＴＡＣの国際本部は……

美しい南太平洋の孤島にあります。そこから世界各地の支部にホットラインがしかれ、相互の情報交換や指令が伝えられます。

TACの極東支部は……
富士山の見える、富士五湖の近辺にあります。
TACの内部には近代科学の粋を凝らした装置があり、TAC本部ばかりからではなく、日本国内からの気象や交通情報などが一目で判るような仕組になっています。

登場人物は北斗星司、南七子の他、責任感の強い竜五郎隊長（三八歳）、剣道六段、サムライの異名をとる山中一郎（二七歳）、射撃の名手で元国際秘密諜報員、クールガイの吉村公三（二五歳）、熊本の山寺の住職の息子でギターの名手、コメディリリーフの今野勉（二四歳）、文武両道の美人、美川のり子（二〇歳）となっている。

企画書としてはこの他に、七二年一月二七日に印刷された『新番組企画 ウルトラA』がある。前章で述べたように、これが最終的な企画書である。内容的にはほぼ同一だが、この企画書から、敵がサタン星人から異次元人に変更される。しかし、まだヤプールという名前は付いていない。

また北斗と南は、超獣が広島を襲った日、その渦中で出会うという形に変更され、お互い恋人を亡くしたという設定はオミットされた。

第一話「輝け！ ウルトラ五兄弟」、第二話「大超獣を越えてゆけ！」のパイロット編の監督に指名されたのは、『帰ってきたウルトラマン』から引き続き担当することになった東宝出身の筧正典《かけひまさのり》と、円谷プロの満田稔《かずほ》。満田の起用については、橋本の「筧さんは過去のウルトラ兄弟を知らないから、知っている人が一緒に監督して欲しい」という要望を受けてのことだった。もっとも満田によれば、共同監督というよりも、サポート的な立場だったという。

キャスティングに関しては、隊長役は従来通り演技力のあるベテランを起用するということで、劇団青俳出身の瑳川哲朗《さがわてつろう》が起用された。瑳川は東京12チャンネル（現・テレビ東京）の人気時代劇『大江戸捜査網』（注五）の井坂十蔵役で、お茶の間に人気だった。山中隊員、今野隊員、美川隊員はそれぞれ日活出身の沖田駿一、山本正明、西恵子がキャスティングされた。山本は、かつて『ウルトラセブン』のフルハシ隊員候補だったという。吉村隊員には、『ウルトラマンA』がデビュー作となった佐野光洋、また隊員ではないが、TACの兵器開発担当の梶研究員役には、『怪奇大作戦』第六話「吸血地獄」で印象的な演技を披露した中山克己が起用された（注六）。そしてナレーションは、円谷プロ出身俳優を自認していた岸田森が担当することになった。

主役の北斗星司には高峰圭二が抜擢された。高峰は桜木健一主演の『刑事くん』にゲスト出演した際、同作のプロデューサーだった橋本洋二の目に留まって主役候補に挙げられ、カメラテストを経て役を射止めた。その後、高峰は桜木健一、近藤正臣と同じ事務所に所属することになったが、その関係で二人は『ウルトラマンA』第十二話「サボテン地獄の赤い花」にゲスト出演、後輩にエールを送った。

もう一人の主役、南夕子（七子から変更された）には、『シルバー仮面ジャイアント』第十四話「白銀の恐怖」で、悲劇のヒロイン山部アヤ子を演じた関かおりが起用された。だが

（注五）七〇年十月放送開始。七二年当時は四月から第二シリーズが放送中だった。

（注六）佐野光洋は北斗星司、中山克己は吉村隊員候補だった。

クランクイン後、彼女はトラブルに見舞われる。劇団でリハーサル中だった彼女は事故で足を骨折（右足根骨亀裂骨折）、以後の撮影に参加することが不可能になってしまったのだ。

関の降板を受け、急遽オーディションが行われた。その結果、それまで舞台経験しかなかった堤光子が夕子役を射止める。堤はその後、円谷プロ側の要請で、星光子と改名、関が出演した部分のリテークに参加する。しかし星は、その撮影がリテークだと知らされておらず、周りの俳優がテキパキ動くのを見て戸惑っていた。それに気がついた筧が、「ごめん、ごめん、君、何も知らなかったんだよね」と声をかけてくれたので、やっとリテークだと気がついたそうだ。歴史は繰り返すというか、星はのちに、設定変更によって番組を降板することになるが、その時も台本を渡されるまでは知らされていなかったと後年語っている（この件に関しては第三部で述べる）。

なお、関かおりは第七話「超獣対怪獣対宇宙人」と第八話「太陽の命 エースの命」の前後編に、山中隊員のフィアンセ、マヤ役でゲスト出演している。

トラブルとしてはもう一つ、番組タイトルの変更があった。というのもかつて怪獣のソフトビニール人形を発売していた玩具メーカー、マルサンから〝怪傑透明ウルトラエース〟という商品が発売されていたため、商標登録の関係から、番組タイトルを『ウルトラマンA』に変更せざるを得なかったのだ。

脚本上では、三月十一日印刷の第五話「大蟻超獣対ウルトラ兄弟」決定稿と、第六話「変身超獣の謎を追え！」決定稿までが『ウルトラA』表記、同月二七日印刷の第七話「怪獣対超獣対宇宙人」決定稿から『ウルトラマンA』表記となっており、タイトル変更はかなりギリギリのタイミングだったことがわかる。

今、ウルトラ五番目の兄弟が、誕生しようとしていた。だが、その道のりが苦難に満ちたものになろうとは、関係者の誰も想像し得なかったであろう。

輝け！ ウルトラ五兄弟

前述のように、第一話準備稿「緑の星に生まれた子よ！」、第二話準備稿「大超獣を越えてゆけ！」の印刷は、企画書『新番組企画 ウルトラA』と同じ七二年一月二七日だった。担当はそれぞれ市川森一、上原正三。第三話からは脚本に田口成光が加わり、第十五話までのエピソードは、このトリオが回していく。『帰ってきたウルトラマン』で、第十四話までのうち十一本を上原一人が担当したのとは対照的なシフトである（注一）。

これはスタート時の『帰ってきたウルトラマン』がスポ根的要素を含んでいたため、同じく橋本プロデュースの『柔道一直線』に参加していた上原に、番組の世界観をキッチリ描いてもらおうという狙いだったのだろう。それ自体は成功したのだが、ドラマのバラエティ感が不足するという副作用が起きてしまった。これが視聴率低迷の原因の一つと考えられた。

一方『ウルトラマンA』は、企画の段階から市川、上原、田口のトリオで動いており、バ

（注一）
残りの三本は、第八話「怪獣時限爆弾」（田口成光）、第九話「怪獣島ＳＯＳ」（伊上勝）、第十一話「毒ガス怪獣出現」（金城哲夫）。

ラエティに富んだドラマを作るという、前作の反省に立った判断があったのかもしれない。

第一話「輝け！ウルトラ五兄弟」（決定稿でタイトルが変更された）では、何の前触れもなく、福山市に超獣ベロクロンが登場する。

冒頭、いきなり怪獣が出現するのは『帰ってきたウルトラマン』第一話「怪獣総進撃」も同様だが、そちらでは、まず勝鬨《かちどき》橋付近の情景描写が入り、「世界各地が異常気象におおわれている。日本列島でも、毎日のように起こる小地震が不気味な地殻の変動を告げ、そしてついに怪獣達が一斉に目を覚ましてしまった」というナレーションの後、タッコング、ザザーンという二大怪獣が海中から姿を現す。つまりエスタブリッシュショット（注二）から入り、ナレーションで状況説明をした後、ドラマを展開するという映画の基本に沿った手法だった。

しかし「輝け！ウルトラ五兄弟」は、その段取りを無視している。ファーストショットは、ベロクロンの溶岩のようにごつごつした表皮のアップ（手持ちでクレーンアップ）、眼の極端なアップ、表皮、鼻先の二本角、表皮、口、顔の横、頭の後ろの珊瑚状の突起、口元、手のミサイル発射管を短いショットでつなげ、首から上のアップショットで火を吐き、街を破壊する（注三）。

そこに岸田森のナレーションがかぶる。

「ここ広島県福山市は、石油コンビナートを中心に、紡績、化学、機械など新しい近代工業都市として、その発展が大いに期待されていた」

超獣出現の理由は何も明かされない。人々にとっては、まさに悪魔の降臨である。無論、

（注二）
映画などで、位置関係を観客に伝えるため、シーンの冒頭で使用する引き画のこと。

（注三）
『ゴジラ対メカゴジラ』（七四年、東宝、監督・福田純）における、メカゴジラの登場シーンに類似している。そのカットを演出したのは、特技監督の中野昭《てる》慶《よし》ではなく、助監督の川北紘一《こういち》だが、『ウルトラマンA』では、特撮班の助監督でもあった。また、ベロクロンを含め、生火（仕掛けで本物の火を出すこと）を吐く超獣が多いが、これは光学合成をなるべく避けようという配慮だろう。

それはクリスチャンである市川の狙いであった。

『KODANSHA Official File Magazine ULTRAMAN VOL.6』のインタビューで、筆者の〝第一話でも、ダンテ的というか、悪魔みたいなものが降臨する〟という質問に、市川はこう答えている。

市川　悪魔がこの世を乗っ取りにきて、地獄と化していく、ヤプールの野望というか、悪そのものの、悪の行動ですよね。悪が動くという現象と人間がどう向き合うのか、ということだったと思うんです。

ベロクロンの福山襲撃で、パン屋のトラックの運転手だった北斗星司と、看護師の南夕子は命を落とすが、彼らの勇気ある行動（注四）に感動したウルトラマンAは、ウルトラリングを二人に与える。

どこかの空間に、ウルトラマンAを中心に左からゾフィー（当時の脚本での表記はゾフィ）、ウルトラマン、ウルトラマン2世（劇中での呼称）、ウルトラセブンが屹立している。エースは倒れている北斗と南に語りかける。

「私はウルトラ兄弟の五番目、ウルトラマンAだ。（二人にリングを与え）銀河連邦の一員たるを示すウルトラリングを、今お前達に与えた。そのリングの光るとき、お前達は私の与えた大いなる力を知るだろう」

（注四）北斗は車椅子の少女を助けて逃げ遅れた南を救うため、タンクローリーを運転し、ベロクロンに体当たりする。南が命を落とす描写はない。

これこそ〝ウルトラ兄弟〟の存在が、視聴者に宣言された瞬間だった。当時、小学館学年誌の編集部で、ウルトラマン関連の記事を手がける〝MATチーム〟の隊長だった上野明雄（注五）は、ウルトラ兄弟について以下のように証言した。この頃、小学館は念願だったウルトラマン関連の独占掲載権を獲得、『小学一年生』から『小学六年生』までの各学年誌、幼児誌、絵本などに記事を掲載していた。MATチームとは、各学年誌でウルトラマン関係の記事を書くために入社二年から四年までの若手で結成されたプロジェクトチームだった。最年長が当時『小学一年生』の編集部員だった上野（のち『小学三年生』に異動）で、以下、田辺茂男（『幼稚園』）、土井尚道、平山隆（『小学二年生』）、八巻孝夫（『小学三年生』）、畠中貞行（『小学四年生』）、福島征英（『小学五年生』）らがメンバーだった。そしてTBSと円谷プロは、『帰ってきたウルトラマン』制作開始当初から、MATチームと意見交換を行っていたのである。

上野　脚本を印刷所に朝入稿すると、夕方に刷り上がるんです。その頃みんなでよくTBSへ行って、橋本さんと話していました。脚本家が同席したこともあります。その場で脚本を読んで、意見を聞かれるんですね。『ウルトラマンA』の頃が、福島君や平山君を中心に、一番ひんぱんに行っていたと思います。

エースの合体ポーズなども、福島君が立教大学の体操部にいたというのを知って、橋本さんが彼を指名して考えさせました。それをもとにして実際に使ったんじゃないかな？

（注五）のち小学館取締役、小学館クリエイティブ社長などを歴任。野上暁の筆名で児童文学、文化評論家としても活動。

『帰ってきたウルトラマン』にウルトラセブンを出したらどうか（注六）と言ったのも、小学館かもしれませんね。もうその頃は、小学館と制作側が一体化していましたから。

ウルトラ兄弟を発案したのは、『小学二年生』の編集長だった井川浩さんですよ。当時、『小学二年生』で連載した、谷ゆき子さんの『バレエ星』『かあさん星』（注七）などの母娘もの、つまり家族もの漫画の人気があったんですね。それで「兄弟にしろ」と。

私は「ウルトラマンはシルバー族で、セブンはレッド族だから兄弟になりませんよ」と言ったんですが、「円谷英二さんの息子も三兄弟が協力し合っているんだから（注八）、兄弟路線でいいじゃないか」と返されてしまいました。

ウルトラマンには兄弟がいるという設定は、『小学二年生』七一年八月号「なぜなにウルトラマンじてん」で〝ウルトラマンには、きょうだいがいますか〟という質問の回答に〝います。M78星（原文ママ）で生まれた四人きょうだいです〟と出たのが最初だ。『小学二年生』同年九月号別冊付録「ウルトラ怪獣じてん」には〝四人は、M78星で生まれた、とてもなかのよいきょうだいです〟と紹介されている。

それを受け、TBSも同年七月十七日発行の社内報『テレビニュース』で〝今まであいまいだったウルトラマンの関係を明解にして、4人兄弟に設定しました〟と記載している。

上野　学年誌にウルトラ兄弟の設定が出た後、円谷プロから「勝手に兄弟にされては困る」と

（注六）第十八話「ウルトラセブン参上！」七一年八月六日放映。

（注七）『バレエ星』は六八～七一年、『かあさん星』は七〇～七三年に各学年誌に掲載された。

（注八）一、皐《のぼる》、粲《あきら》。当時はそれぞれ円谷プロと関連会社に所属。

苦情が来たんですよ。たぶん、竹内（博）君（注九）が一さんに訴えたんでしょうね。当時、学年誌の部長で『小学一年生』編集長の畠山紘一郎さんと井川さんと私と、田口さんもいたかもしれないけれども、円谷一さんに、銀座のバーで謝りましたよ。

一さんは事情をはっきり認識していなかったみたいなんですが、ともかくその場で許可を貰って、『小学三年生』の十一月号で〝ほんとうの兄弟ではないけれども、とてもなかがよいので、みんなはこの4人のことを、4兄弟とよんでいる〟と補足説明したんです。義兄弟にしたのは、あの頃、東映のヤクザ映画が流行っていましたから、それをヒントにしたんですね。

その記事の最後に〝この記事についての感想を上野記者まで送って下さい〟と書いたんですが、それを後年見た人が「上野が勝手に兄弟にした」とネットに書いたことがありました。でも、考えたのは私じゃないんですよ。

この時代、小学館の学年誌は番組情報を放送に先んじて子供達に提供する、最も重要なツールだった。例えば『帰ってきたウルトラマン』で十八話の後、再びウルトラ兄弟が登場するのは、十二月二四日放送の第三八話「ウルトラの星 光る時」である。劇中登場したウルトラマンとウルトラセブンは自分達を兄弟とは言わない。しかし子供達は学年誌の情報で〝ウルトラ兄弟〟であることを認識し、揃い踏みに感動したのだった。

ベロクロンのために地球防衛軍は全滅し、代わりにTACが結成される。ナレーションによるとTACの結成は、ベロクロン襲撃から数日後という設定だ。わずかな時間で、富士山

（注九）七一年円谷プロ入社。退社後は特撮研究家、作家として多くの著作を残す。二〇一一年没。

近くの地下に巨大な基地を持つ防衛隊がいきなり登場するのは、いささか不自然である。だが、これにはわけがある。準備稿「緑の星に生まれた子よ！」で、広島に現れたベロクロンを攻撃するのは、竜隊長率いる七〇余機のＴＡＣ戦闘機群となっている。脚本を読む限り、この戦闘機群は通常兵器のようだ。しかしこれでは、超獣すなわちterrible monsterが登場する前にＴＡＣが存在することになり、具合が悪い。そこで地球防衛軍とＴＡＣを別物にしたのだが、そのため不自然な展開になってしまったのだ。

ウルトラマンＡになった北斗と南はＴＡＣの試験に合格し、隊員となる。竜隊長は、ベロクロンについて以下のように説明する。

「諸君、福山を襲ったあの巨大な生物は、もはや怪獣ではない。地球侵略を目的とした宇宙人達が、地上の文明を破壊するために遣わした超兵器……、すなわち……、超獣と呼ばれるべき……、異次元の改造生物なんだ」

そこへ東京Ｋ地区一帯に非常事態発生の報が入る。Ｋ地区には、ＴＡＣの通信網が設置されている東京タワーがある。隊員達が出動したところでＣＭ（中コマ）となる。

中コマ明け（Ｂパート）で、シリーズ初となる共通の敵、異次元人ヤプールが登場する。彼らはアブストラクトで曖昧模糊とした空間に住み、その姿は判然としない。ナレーションがヤプールについて説明する。

「異次元空間を支配する恐るべき宇宙の悪魔、異次元人ヤプール。彼らは今、地球の空に君臨し、やがてこの地球を我が物にしようとしている」

後半はTACとベロクロン、そしてベロクロンとウルトラマンAの戦いが描かれる。その中で、猪突猛進な北斗の性格も描かれるが、第一話はやるべき段取りが多すぎて、TACの唐突な誕生もあり、完成度はいまひとつだ。

編集段階で、あるシーンがカットされてしまったことも不運だった。脚本で、ベロクロンが襲うのは広島市である。しかも準備稿ではなぜ東京や大阪ではなく、広島を超獣が襲ったのか、という北斗の質問に対し、竜隊長は以下のように答えている（注十）。

竜隊長「宇宙人の広島攻撃は嫌が応にも（原文ママ）原爆の恐怖をもう一度我々によみがえらせた。現に、超獣の広島破壊は原爆のときとまったくおなじ範囲にとどまっている。これは奴らの悪らつな心理作戦であり人類への宣戦布告だ」

（注十）準備稿では、女性隊員が、美川のり子ではなく、小川いずみ隊員になっている。理由は不明。

しかも準備稿から最終稿まで、ベロクロンは原爆ドームの上空に出現する。該当シーンのト書きは〝場所は広島。原爆ドームの空に、原子雲のように登場した超獣ベロクロンである〟となっている。つまり市川は、原爆投下も悪魔の所行と考えていたのだ。しかし決定稿で竜隊長の台詞はカットされ、前記の竜隊長が超獣を説明する台詞に置き換えられる。ただし原爆被害の象徴である原爆ドームを、ベロクロンが襲うシーンは残っていて、実際に撮影されたが、被爆者の心情に配慮し、完成作品ではカットされてしまった。結局、攻撃されるのは広島県第二の都市、福山に変更され、この時点で市川が脚本に込めたテーマを、第一話に見出すことは不可能となった。

最後にウルトラ兄弟のことに触れておこう。準備稿「緑の星に生まれた子よ!」で北斗と南にウルトラリングを与えるのはウルトラAだが、実はウルトラ兄弟は登場しない。市川としては、ここでウルトラ兄弟を出してはエースの存在感が希薄になってしまうという配慮だったのだろうか? しかし市川があの世に旅立った今となっては、確かめる術はない。

メインライターの責務

第二話「大超獣を越えてゆけ!」は、上原正三の脚本(注一)。東京の工事現場から現れた銀の卵と、北斗が夜空で遭遇した金の卵、それは古代カメレオンと宇宙怪獣の卵であった。ヤプールは、その二つの卵を合体させ、カメレキングを誕生させた。エジプトの古文書には、アトランティスを襲う超獣カメレキングという記述があった。ヤプールはアトランティスと同様のことを再現しようと企んだのだ。

古代の伝承にある怪獣、主人公と他の隊員達との軋轢、主人公の単独行動、防衛隊の捨て身の攻撃と、第二話は上原好みの要素で構成されているが、そのため新鮮さに欠け(つまりどこかで見たようなストーリーで)、いまひとつ印象が薄い。金の卵と銀の卵の合体というのが、『ウルトラマン』第十七話「無限へのパスポート」を思わせるのも、マイナスポイン

(注一)
脚本タイトルは準備稿が「大超獣を越えてゆけ!」、決定稿、最終稿が「空を破って悪魔が来た」であり、放送時に「大超獣を越えてゆけ!」に戻った。

トだ。

第三話「燃えろ！　超獣地獄」、第四話「3億年超獣出現！」の二本持ちは、山際永三が監督した。脚本はそれぞれ田口成光、市川森一である。

山際が使用した「燃えろ！　超獣地獄」脚本の余白には、本作のスケジュールがメモ書きされている。それによると七二年三月一日に打ち合わせがあり、四月十四日に検定となっている（山際組のスケジュールは巻末にまとめてある）。

『ウルトラマンA』で、準備稿が現存するエピソードは初期に固まっている。例えば第六話までは全て準備稿が印刷され、完成作品と内容が大きく異なるケースが目に付く（現存する脚本リストと印刷時期は巻頭のリストを参照）。これは従来に比べて複雑な設定となった『ウルトラマンA』の世界観を構築するための方法論、脚本構成が固まっていなかったということだろう。

「燃えろ！　超獣地獄」の準備稿タイトルは「超獣を見た！」。どちらも物語の基本は、山奥の村で超獣バキシムが目撃され、TACが現地調査に訪れるが、その隙を狙って、少年に化けていたバキシムがTAC基地を襲うというもの。以下、「超獣を見た！」のストーリーをダイジェストしよう。

とある山中を、金田と村山という二人の男が道に迷い、一週間もさまよっていた。二人が崖を登っていると、突如激しい落雷が発生し、空を割って超獣バキシムが出現した。

谷間の寒村で家に閉じこもり、嵐が去るのを祈っていた一家（老夫婦と中年夫婦）の前に、ヤプール人の超獣に追われたという少年が現れる。少年は、村から出るとヤプール人に殺されると言い、気を失う。

金田と村山は救助されるが、二人の間で超獣の目撃情報に食い違いがあった。北斗と南は、隊長に現地調査を願い出る。そこで北斗がタックアローで調査に出ることになった。

北斗は寒村で、一家の中年の男に超獣のことを聞くが、彼は笑って否定する。北斗はアローで谷間の調査を行うが、そこへ再びバキシムが出現する。

ＴＡＣ出動！北斗との連絡係だった南は、隊長に願い出て出動し、代わりに美川が留守を務めることになった。だが、これこそヤプール人の作戦だった。ＴＡＣがやって来ると、少年は一家を惨殺し、空間移動でＴＡＣ基地付近に現れる。

全体に、登場人物の出し入れが整理されていない印象を受ける脚本で、少年の立場もあやふやである。自分も出動したいと願い出る南の行動は、北斗と会わなければならないという作劇上の都合が透けて見えすぎる。完成版では、登山者の描写はなく、中森司郎という名を与えられた（脚本より）少年は村に住む老夫婦の孫で、都会から一人で帰って来たという設定に変更された。

「超獣を見た！」で興味深いのは、北斗と南が現地調査を願い出た後、それに反対する今野に向かって言う隊長の台詞だ。

竜「今野隊員、（他の隊員にも）いや、君らもそうだ、私もそうだ、君たちがTACに入隊した頃のことを想い出して見るんだ。疑わしきものは、やっぱり調べて見るべきだろう。どうやら、あの二人のお陰でTACも若がえりそうだ。そう思わんかね、諸君！」

これは「緑の星に生まれた子よ！」で、TACがベロクロンの出現以前、すでに結成された組織であった設定を踏まえた台詞である。しかし「輝け！ウルトラ五兄弟」決定稿の段階で、TACはベロクロンの襲撃後に結成された設定に変更されている。つまり、その情報が田口に伝わっていなかったことから生じた誤りではないだろうか。

監督の山際永三は『帰ってきたウルトラマン』第三五話「残酷！光怪獣プリズ魔」以来の登板となった。

山際　七二年の二月まで『シルバー仮面』（ジャイアント編）をやって、三月にウルトラに戻ったんですね。一度出て行った人間を、また迎えてくれたんで嬉しかったですよ。

第三話は廃村の話で、過疎化した村の老夫婦の孫が宇宙人というのが、田口さんらしい発想です。僕と橋本さんの注文で、話を直していって今のような形になりました。

パトロールに出た南が、吊り橋の上に黄色い帽子の少年を見つけて、飛行機（タックアロー）の翼を振って挨拶すると、その後超獣が現れる。少年がいたので攻撃出来なかった南は山中隊員と隊長に叱られるんですが、北斗が少年の帽子を見つける。
『ウルトラマンA』は、主人公が二人いるから、ドラマの作り方が難しいんですが、これは比較的、北斗と南の役割が出来ていました。

田口 謹慎となった南の代わりに、北斗がアローで飛んで、現地を調査して本部に連絡する。南は謹慎中だから、本当は北斗と連絡を取ってはいけないんだけど、美川隊員は「ちょっとだけね」と答える。山際さんはそこがいいと、ちょっとだけルールを外すのがいいんだと気に入ってくれました。
面白いのは（第三話の）オンエアの日、橋本さんが当番で、編成の部屋にいたんだそうです。すると外国人のお母さんから電話がかかってきて、「子供が超獣になるなんて、こんな恐ろしいことはない。これは神への冒瀆だ。子供は天使だ！」と物凄い勢いでクレームを付けられたそうです。日本の伝承じゃ子供が妖怪になったりするんだから、所変われば、ということで興味深かったですね。

「燃えろ！　超獣地獄」に登場する司郎少年（高橋仁）は、過疎の村に残る老夫婦の心の隙間に入り込んで二人を操る。バキシムの正体を現した司郎は、老夫婦に「子供の心が純真だと思うのは、人間だけだ」と語る。『帰ってきたウルトラマン』第三一話「悪魔と天使の間に・・・・」に登場したゼラン星人を思わせるキャラクターであり、子供の心に潜む魔性を臭わせる。

しかし、本エピソードの主眼はＴＡＣ基地を狙うヤプールという展開にある。このように『ウルトラマンＡ』は前作に比べ、エンターテインメント指向が強い。ちなみに老夫婦を殺した司郎をＴＡＣ隊員達が追うシーンでＢＧＭがフォークソング調になり、アメリカンニューシネマを思わせる演出になるところはユニークだ。

『ウルトラマンＡ』の特撮は設立間もない東宝映像が請け負った（注二）。これはスタッフ及びステージの確保、予算管理の面から導き出された方針だろう。『ウルトラマンＡ』で使用した東宝のステージは、それまでの東京美術センター（注三）より広く、ホリゾントも高いので、従来よりもアグレッシブな映像表現が可能となり、ダイナミックなアクションシーンが続出した。

本作の特殊美術デザイナーだった井口昭彦（当時は高橋昭彦名義）によると、撮影は東宝撮影所の表門（当時）を抜けてすぐの第一、もしくは第二ステージで行われたという。

一九三二年十月二五日に完成した当時、写真化学研究所大ステージと呼ばれた両ステージは、この頃、（第八、第九が大ステージだったため）中ステージと呼ばれていた。第一、第二の広さは同じで、その偉力が遺憾なく発揮されたのが、本エピソードのクライマックス、富士裾野のＴＡＣ基地（地上部分）だ。

バキシムが基地に出現するファーストカットは、美センでは不可能な引き画で、ホリゾントには巨大な富士山が描かれている。背景画を担当したのは〝雲の神様〟と称される背景絵

（注二）
この頃の東宝は、映画収益が悪化していて、会社再建が行われつつあった。『東宝五十年史』（東宝刊）によれば、七〇年三月一日、製作部の特殊技術、美術、電機の三課、芸能部の業務、演技の二課を廃止し、「総務室」「美術部」「映像事業部」「管財部」「機材部」が新設された。三月三一日には東宝美術株式会社、翌七一年四月一日には東宝映像株式会社、十一月八日には株式会社東宝映画が、翌七二年五月二六日には株式会社芸苑社が設立され、東宝の分社化が行われていった。八八年六月一日、東宝映像は東宝美術に吸収合併され、東宝映像美術となった。

（注三）
通称美セン。七三年十一月、名称を東宝ビルトに変更、二〇〇八年十月、撮影所としての使命を終えた。

師、島倉二千六《ふちむ》。

TAC隊員のほとんどが村に行っているため、美川、南の女性隊員、それに梶がバキシムに戦いを挑むというアイディアも面白い。

続く第四話「3億年超獣出現!」は、シリーズ初の傑作と呼んで差し支えないエピソードであるが、当初、「燃えろ! 超獣地獄」と二本持ちの撮影が予定されていたのは、同じ市川森一脚本の「超獣狩り大作戦」だった。

「超獣狩り大作戦」の登場超獣はペストザイラー。脚本のト書きでは〝巨大な蚤の胴体に、どこかネズミに似ている怪獣の頭がついて、と言った奇怪《アンバランス》なプロフィールなのだが、単に蚤とネズミを合成したといった単純なものではなく、その胴体は明らかに鉄製であり、顔はネズミよりもはるかに険悪で、凶暴である〟と描写されている。いたずら好きの少年一郎が、捕らえたネズミをラジコン飛行機に乗せて飛ばしたものを、ヤプールが超獣化した合成生物である。

北斗はネズミを乗せたラジコン飛行機を回収するが、そのためペストに罹患、変身不可能となる。しかもペストザイラーのまき散らしたペスト菌で、隔離患者、死者合わせて二〇万近くの被害が出るという、まるでコロナ禍の現在を予見したような内容である。ペストの蔓延というスケールの大きな展開に、主人公が変身出来ないというシチュエーションを絡めたエンターテインメント編である。

メインライターとしては、一クール目の前半に視聴者の興味を引く展開を用意するのは責務で、そのために同作が執筆されたのだろう。しかし、なぜ未制作に終わったのか？ 動物愛護という観点から、ネズミをラジコンに乗せて飛ばすという点が問題となったのか？ 内容的に山際永三の興味を引くものではなかったか（準備稿が印刷されているので、脚本に目を通したはずである）？ 詳しい事情は不明だが、本作に代わり、一人の男の妄執を描く、テーマ性の強い「3億年超獣出現！」が新たに執筆された。山際は『市川森一ファンタスティックドラマ集 夢回路』の中で、「3億年超獣出現！」について、次のように証言している。

——メインの話をキチッと展開していくのが三、四話の役割なんですが、最初の設定を活かす面白い展開が見えなかったので、急遽もっと後の方に予定されていた話を繰り上げたんだと思います。「A」の商売上の失敗はそこにあるんです。

このエピソードでヤプールは、久里虫太郎という人間の暗黒面を利用し、怪魚超獣ガランを操る。

大内川上流の石灰岩の中から、三億年前の魚類生物が発見された。TACはそれを生物科学センターまで送り届けることになった。

その日休暇だった美川は、同窓会が開かれるということで、人気漫画家、久里虫太郎の屋敷を訪ねていた。彼は、美川に小学生の頃から好意を抱いており、今やそれは歪んだ愛となって、彼の暗黒面を形作っていた。ヤプールは妄執とも言える虫太郎の心を利用したのだ。彼は美川を監禁し、ガランに地上の破壊を命ずる。ガランは、虫太郎の描く漫画通り、都市を破壊していく。

　虫太郎の屋敷には、奇妙な仮面やら歪んだ女性の首像などが飾られているが、それは虫太郎の内面の視覚化である。


山際　第三話は、ドラマとしては上手く出来ているんだけど、宇宙やSF的な話ではないということで、市川さんが第四話に、漫画から超獣が出てくる話を書いてくれました。漫画家が描く作品の通りに、超獣が暴れるんです。

　漫画家は清水綋治さん。ちょっと恐い感じをうまく演じてくれました。彼に白羽の矢を立てたのは私です。清水さんは新劇出身ですね（注四）。当時、文学座と青年座はテレビ映画への売り込みが熱心だったので、僕の作品にいっぱい出てもらいました。

　第四話は、西恵子さん（美川隊員）が、同窓会のために漫画家の家に行ったら誰もいなくて、それどころか彼は妄執が凝り固まった変人で、彼女を屋敷に閉じ込めてしまう。

　西さんは緑色の洋服（注五）を着ているんですが、ミニスカートでね、漫画家に縛られて屋根裏に寝かされているシーンは、みんなハラハラしながら撮影していました。ちょっと子供番組にあるまじき性的なシーンですよね。こんなことしてもいいのかな？と思いながら撮っていました。試写で橋本さんは、ニヤニヤして見ていましたけど。

（注四）俳優座養成所の第十四期生。その後、文学座の研究生を経て劇団自由劇場の旗揚げに参加、黒テントの設立にも関わる。

（注五）西の私服だったそうだ。

漫画家は別の女性も殺しているから、部屋に白骨死体がある。あれは私が以前撮った「仮面の墓場」（注六）で使ったものです。白骨死体を頼んだら、美術があれを持って来たんです。
漫画家の家は、髑髏なんか置いてあったら怪人二十面相のアジトですよね。だから西さんが監禁されるところなんか、江戸川乱歩の『少年探偵団』の真似だと言って撮ったんですよ。そう言えば、みんな納得するんです。

ところで、山際永三が所有していたこのエピソードの決定稿の表紙には、赤ペンで〝特撮部分を整理し、日数と予算に出来る丈《だ》け近づけるために変更します。この件　監督、特撮の打合せの時よろしく　円谷一〟という書き込みがある。

山際　（円谷）一さんが決定稿に書き込んで、私に見せたんです。「予算がないから、こういうシーンは撮れないよ」と。そんなことを言われたのは初めてでしたから、よく覚えていますね。

一が手を入れたのは六箇所で、一部を一二二ページに掲載しているが、光学合成が必要な光線をなるべく現場処理で済むカットにして、手間のかかる作り物はなるべく避けて欲しいという一の経営者としての思いを感じ取ることが出来る。山際が受け取った脚本は、該当のページの端が折られていて、削除部分を鉛筆で消してある。ただ、全て特撮がらみのシーンなので、本来なら特技監督（クレジット上は特殊技術）に言うべきである。なぜ自分だった

（注六）『恐怖劇場アンバランス』（七三年一月八日～四月二日、フジテレビ系列）第四話。脚本は市川森一。同番組の撮影は六九年から七〇年にかけてだったが、放送が遅れたため、白骨死体の登場は「3億年超獣出現！」の方が先になった。なお、山際永三の撮影台本によれば、「仮面の墓場」のクランクインは六九年十月二五日。

のか、山際にはわからないそうだ。
初期四話の特殊技術は、佐川和夫である。井口昭彦は、佐川の印象を以下のように語っている。

井口　佐川さんはカメラの仕事のノウハウ、いろはを懇切丁寧に教えてくれました。これは『ウルトラマンA』ではないんですが、ある作品のワンシーンを、「お前が撮れ」と言って、そのカットをやらせてもらった記憶があります。ウルトラ兄弟が集合する星の地上シーンで、セットの画が面白ければいいということでした。それを助監督にではなく、「お前が撮れ」ですから、それなりに私を買ってくれてはいたんだと思います。

そして市川森一は、自身が監修した『ウルトラシリーズ・サブキャラ大事典』（小河原一博著、東京堂出版刊）に寄せた「市川森一　ウルトラシリーズを語る」という一文で、「3億年超獣出現！」について次のように語っている。

超獣ガランは久里の意思で自由に出現し、暴れ回ります。怪獣（超獣）という存在は、（中略）潜在意識の中の妄想です。「あらゆる破壊への夢、欲望が具象化されたもの」が怪獣の定義であり、それを具現化したのがこの物語です。子供番組は、悪人や異常性格者が最後に悔い改めたり、正常な人間に戻ったりしてハッピーエンド……というパターンが多いですが、久里は怪獣ともども炎に焼かれて死亡します。残酷な結末ですが、無難に終わらせて物語のインパクトを希薄にしてしまうのも考えもの。僕の作品はメルヘンタッチと評されますが、メルヘンは単なる〝おとぎ話〟ではなく、多分に残酷な要素を持ったジャンルなのです。

帰ってきた真船

第五話「大蟻超獣対ウルトラ兄弟」、第六話「変身超獣の謎を追え！」は、真船禎の監督作品。脚本はそれぞれ上原正三、田口成光である。
真船は『帰ってきたウルトラマン』では、第三〇話「呪いの骨神 オクスター」（脚本・石堂淑朗）、第三二話「悪魔と天使の間に‥‥」（脚本・市川森一）を担当。個性的な画面構成と馬力ある演出で、シリーズに強烈な爪痕を残した。しかしその後、東海テレビ制作の昼帯『むらさき心中』（注一）が入ったため番組を降板していた。

真船　円谷プロには、円谷一さんが呼んでくれました。彼はTBSの先輩です。私は飯島（敏宏）さんと同期（五七年入社）。飯島さんは慶應（義塾大学）出身で私は早稲田です。
私の師匠は岡本愛彦《よしひこ》さん（注二）で、芸術祭で大賞を取った『いろはにほへと』で、私はチー

（注一）七二年一月十日～四月七日。フジテレビ系列

（注二）賞取り男と呼ばれた名ディレクター。TBSで撮った『私は貝になりたい』（五八年十月三一日放送）『いろはにほへと』（五九年十一月二〇日放送）で、二年連続芸術祭文部大臣賞（大賞）を受賞した。脚本はともに橋本忍。

FADでした。その師匠に「新しく東京12チャンネル（注三）が出来るから、TBSを辞めて一緒にやろう」と言われたんで辞めたんです。実に単純なんですよ。

12チャンネルは、アメリカのフリーディレクター制度を導入していましたから、私もフリー契約でした。

それである日、真船企画の事務所に、一さんが、特撮の高野宏一さんと撮影の鈴木清さんを連れてやって来たんです。『帰ってきたウルトラマン』を撮ってくれということだったんですが、私は「子供向けは嫌だ」と断ったんです。すると一さん「俺の親父は『ゴジラ』（注四）を作ったけれども、あれは子供向けとして作ったんじゃない。お前のイメージは間違っている」と釘を刺されました。

それで「脚本も用意した」と言うんですよ。一本は石堂さんで、彼とは『おかあさん』（注五）という番組を一緒にやっていましたから旧知の仲。もう一本は若手の市川さん。ウルトラマンというのは、ウルトラマンがやって来て怪獣をやっつけて帰る話かと思っていたんですが、全然そうじゃなくて驚きました。プルーマ（「悪魔と天使の間に……」）はホンに惚れました。この脚本だったらやれるなと。

脚本もスタッフも用意してあるんだから、もう逃げられない。あの時のツブちゃん（円谷一）は策士でしたね。

僕が撮った二本はわりと評判が良かったんですが、それ以来音沙汰がなかったので、縁がなかったんだなと思っていたんです。すると七二年になって、橋本さんと熊谷さんのお二人が来

（注三）東京12チャンネルの開局は六四年四月十二日。当時は〝科学テレビ東京12チャンネルテレビ〟と呼ばれた。

（注四）五四年、東宝、監督・本多猪四郎。

（注五）五八年九月一日放送開始。実相寺昭雄のデビュー作として知られている。

て、今度は『ウルトラマンA』を撮ってくれと。ああ、忘れられていなかったんだな、と感動しました。

上原正三脚本の「大蟻超獣対ウルトラ兄弟」は、アリブンタ、ギロン人という二大モンスター、ゾフィーの登場、地底探索用戦車ダックビルの活躍、ウルトラサイン初登場というイベント感満載のエピソードだった。準備稿タイトルは「ウルトラの赤い手袋」だが、完成作品とはストーリーラインが全く異なっている。以下に紹介する。

ゾフィーは、銀河連邦の特命を受け地球に向かっていたが、ギロン人（注六）に奇襲され、囚われの身になってしまう。

とある山の中のTAC研究所で、北斗はオオクロアリやガマなどの生物に、ガンマー線を当てて巨大化する実験を行っていた。それが超獣の秘密を解くヒントになると考えたのだ。

と、窓の外にギロン人の影がよぎり、怪光線がガンマー線放射装置に命中する。研究室は炎上し、付近一帯は放射能汚染の心配がなくなるまで閉鎖されることになった。

翌朝、牛を積んだトラックがアリブンタに襲われる。重傷を負った運転手はアリに襲われたと言う。今野は、ガンマー線を多量に浴びたアリが、トラックを襲ったのではないかと考えた。

TACは、山岳地帯を調査して、洞窟の前に巨大な生物の足跡を発見する。そこで一頭の

（注六）ト書きには「頭部はバッタ、体は星人、両手はハサミ」とある。

牛を餌に、巨大蟻をおびき出す作戦に出た。案の定、牛につられて巨大蟻が出現した（注七）。山中操縦のタックファルコンから、北斗のアローが飛び出し、巨大蟻をミサイルで攻撃しようとする。しかし正体が超獣であると知って攻撃のタイミングを逸し、アローは墜落する。隊員達は北斗のミスを責め、巨大蟻が超獣ということも信じようとしなかった。だが南は北斗を信じ、ゾフィーの失踪も今回の事件と関係があると考えた。二人が丘の上で話していると、どこからともなくゾフィーの声が聞こえてくる。

二人がリングを外して太陽にかざすと、そこから発する光線が交叉する点に水晶体が出来、地底に囚われているゾフィーの姿が映った。ゾフィーは言う。ここは地上から二〇〇メートルの地底で、ギロン人は、東京を潰滅させて侵略基地にしようとしていると。

その言葉通り、アリブンタは地下鉄を襲い、蟻酸で車両を溶解させる。調査した竜は、敵の正体を見極めるため、ダックビルを出動させ、今野、美川とともに地底に向かう。ダックビルは地底でアリブンタに遭遇、DVPミサイル（殺虫剤ミサイル）で攻撃するが効果なく、逆に蟻酸で酸素タンクを破壊されて横転、行動不能に陥ってしまった。

ダックビルの危機を知った北斗と南はウルトラマンAに変身、ウルトラドリルで地底に向かう。しかしそれは通常の三倍のエネルギーを消耗する技だった。エースはまずダックビルを救出すると、再び地中に戻るが、その頃地上にアリブンタが現れ、街を破壊し始めたではないか。しかもギロン人まで現れ、地上のTACを挟撃する作戦に出た。

そのとき地中からエースとゾフィーが現れ、アリブンタ、ギロン人に立ち向かう。そして

（注七）ト書きには「頭部だけが蟻、それに始祖鳥の体と翼をつけた超獣」とある。

ゾフィーの持ってきた新兵器、レッドグローブで両者を倒すのだった。

子供達に人気のゾフィーが、いきなりギロン人に敗北するという辺り、上原らしいひねりと言えるかもしれない。しかしドラマ的には、第二話と同じく孤立する北斗の描写にこだわっており、新鮮味に乏しい。また、このタイミングでエースの新兵器が必要かどうかという疑問も残る。結局、決定稿では地底で危機に陥ったエースがウルトラサインを放ち、ゾフィーがウルトラコンバーター（注八）を持って駆けつけるという王道の展開になった。

「ウルトラの赤い手袋」と「大蟻超獣対ウルトラ兄弟」の最大の相違は、アリブンタの設定だろう。準備稿のアリブンタは、ガンマー線を浴びた蟻が超獣化したものと匂わせているが、決定稿では、東京に侵略基地を作るため、ギロン人が地球に持ち込んだ設定になっている（注九）。しかも成長のため、アリブンタにはO型の血液が必要であり、その血液型の人間を、異次元の蟻地獄に誘い込み餌にするという設定が新たに加えられた。

つまりドラマの主軸は、謎の蟻地獄に引きずり込まれる人々を追う描写にシフトしたのである。それにしてもO型の人間が襲われるというアイディアは、明らかに『シルバー仮面』第四話「はてしなき旅」（脚本・市川森一）の再利用である。血液がO型の身内を使い、敵の本拠に到達するという流れまで同じだ（注十）。これが誰の提案だったかは不明。ちなみに、真船はかつて『怪奇大作戦』のために「誘拐」という脚本を提供している（未映像化。詳細は第二部で述べる）。そのエピソードにも血液型に関する設定が出てくるものの、さほど重

（注八）ウルトラマンAにエネルギーをチャージする装置。

（注九）もっとも、アリブンタがヤプールに提供されたものかどうかはわからない。

（注十）ストーリー後半でO型の南を囮に使い、蟻地獄が発生したとき、北斗がそれに飛び込む。

要なファクターではない。やはり「はてしなき旅」からの借用と見るべきだろう。メインスタッフの多くが重なる『ウルトラマンA』において、同じアイディアを再利用するのはいささか安易だったのではないだろうか。

そうした点はさておき、真船禎の演出は、『帰ってきたウルトラマン』同様、腕力で視聴者をグイグイドラマに引き込んでいく。

冒頭、空がいきなり割れ、ギロン人の不気味な複眼が獲物を探すかのように、地上を眺める。まず渋谷駅前の俯瞰が映し出される。そして、ギロン人の視点で、都内の各所が点描される（全て俯瞰）。やがて空に泳ぐ鯉のぼりのショットに童謡「背くらべ」が流れ、よみうりランドのコーヒーカップの遊具に乗る女性が捉えられる。と、突然砂嵐が巻き起こり、女性は巨大な蟻地獄に吸い込まれていく。画面は再びコーヒーカップの俯瞰に戻り、「背くらべ」が流れる。衝撃的なシーンに童謡を流すことで、事態の異常さを際立たせる演出である。

その後、市中でも若い女が失踪するが、警察はホログラフィを使った誘拐事件と断定し、TACは捜査から手を引く。ある日、北斗と買い物に出かけた南は、突如出現した蟻地獄に吸い込まれそうになる。北斗は蟻地獄に飛び込んで南を救うが、別の女性が犠牲となる。蟻地獄の底には、巨大な蟻の目が光っていた。北斗と南は地下街へ降りて様子を探る。ここは手持ちのカメラで二人の姿を追い、最後はその周囲をグルグル回るという、真船お得意のショットであった。

真船　最初はアリブンタ（「大蟻超獣対ウルトラ兄弟」）でしたね。ホンを読んで、やっぱり子供ものだなと思いました。でも、呼んでくれたことに感謝して、一生懸命やりました。昔、あるスクリプターに、「監督は帯ドラマを芸術祭（用の作品）にする人だ」と言われたことがあるんです。やる以上は一生懸命やるんですよ。

田口成光脚本の「変身超獣の謎を追え！」は、宇宙パイロットの小山（小林昭二）に変身超獣ブロッケンが乗り移り、TACが開発した新型ロケットエンジンの破壊を企む話。超獣ブロッケンの力は強大で、さしものエースもピンチに陥る。そこでウルトラ兄弟は、ウルトラサインを送る。

「立て！　撃て！　斬れ！」

その激励を受けてエースは必殺技ウルトラギロチンを放ち、ブロッケンを倒す。

準備稿タイトルは「還ってきた宇宙飛行士」。内容的にさほど差違はないのだが、ウルトラサインは現れない。つまり準備稿の段階では、設定がまだ出来ていなかったか、あるいはもっと後の回で登場するはずだったが、番組の人気を高めるため前倒しされたのかもしれない。

上野　ウルトラサインは、小学館から提案したんです。考えたのは福島くんだったか平山くんだったか？　サインをどんな感じにするかは、多分、田口さんと相談したはずです。ただ、最終的にデザインしたのは小学館じゃないと思いますね。

決定稿で変更された点はもう一つあり、冒頭で、ヤプールが超獣製造機を使ってワニと宇宙怪獣を合体させ、超獣を作り出す過程がビジュアル化されている。製造機のことは『ウルトラV』に〝ビッグマシーン〟と記されているが、超獣とは何かという、子供達の疑問に答えるものと言えるだろう。

シリーズの連続性

筧正典監督による第七話「怪獣対超獣対宇宙人」、第八話「太陽の命 エースの命」の前後編は、妖星ゴラン接近による地球の危機を描き、怪獣（ムルチ）、超獣（ドラゴリー）、宇宙人（メトロン星人Jr《ジュニア》）（注一）が登場するというスケールの大きなエピソード。過去のキャラクターを再登場させることによってシリーズの連続性を示し、ムルチをドラゴリーが無惨に引き裂いて殺すという描写は、怪獣より強い超獣というキャラクターを、視覚的に表現していた。

脚本は前編を市川森一、後編を上原正三で分担している。前編は愛する者の裏切り、後編は愛する者を殺された男の復讐談と、それぞれの個性を活かした展開になっている点が面白

（注一）
劇中ではメトロン星人と呼ばれる。

い。前編と後編で脚本家が違うのは、第十三話「死刑！ ウルトラ5兄弟」（田口成光）、第十四話「銀河に散った5つの星」（市川森一）と同様のパターンだ。第十三、十四話については、前出の「市川森一 ウルトラシリーズを語る」で市川が、橋本洋二の采配だったと記している。おそらく第七、八話も同じ理由だろう。

TACの遠隔レーダーが、地球を目指して接近するゴランをキャッチした。このままでは妖星が地球に衝突してしまう。TACは迎撃ミサイルのマリヤ1号でゴランを破壊しようとするが、マリヤ1号は突如現れたメトロン星人Jrによって破壊されてしまう。さらに星人は、山中隊員のフィアンセで、打ち上げのカウントダウンを担当していたマヤ（関かおり）を殺害、彼女に乗り移るとマリヤ2号の破壊も企む。

この前後編には、いくつか脚本上の仕掛けがちりばめられているが、二つの大きな核を紹介しよう。一つの核はエースのピンチだ。メトロン星人Jrの破壊に乗じてヤプールが超獣を放ってきた場合、どちらかを消さないとエースに勝ち目はない。そこで北斗はエースバリヤーの使用を南に提案する。しかし、それは全エネルギーの半分を消耗してしまう命懸けの技だ。しかも北斗と南、どちらのエネルギーを消耗するかわからない。結局エースは二度この技を使うことになり、南が瀕死の重傷を負うという展開がいい。

もう一つの核は、山中隊員のストーリーである。北斗がマヤの正体をメトロン星人Jrと見破り、彼女を殺そうとするが山中に阻まれる。しかし、山中はマヤの態度がそれまでと違うことに気づいて不信感を募らせ、結局みずからの手でマヤを撃たなくてはならなくなる。このことは、後編でエースバリヤーに閉じ込められて眠っている星人を、隊長命令を無視して攻撃するという無謀な行動へつながる。脚本家は替わったが、この前後編のバトンタッチは見事で、いわば市川が蒔いた種を、盟友の上原が結実させたのである。

過去のシリーズとの連続性という意味では、第十話「決戦！エース対郷秀樹」（脚本・田口成光）は、『帰ってきたウルトラマン』のメインキャラクター、郷秀樹（団次郎、現・団時朗）、村野ルミ子（岩崎和子）、坂田次郎（川口英樹）の三人を登場させ、ウルトラ兄弟という設定だけでなくドラマ的なつながりも生み出した。

しかも美川の台詞で、郷はゼットンとの戦いで戦死したとMATのファイルに記されているという説明がある。それを受けて郷は、地球防衛軍が全滅したと聞き、自作のウルトラレーザーを持って旅から帰ってきたのだと言う。実際は、郷はアンチラ星人が化けた偽者であったが、この流れは『帰ってきたウルトラマン』最終回での描写に矛盾しない念の入れようだ。

登場する超獣は四足歩行のザイゴン。これまでに登場した超獣と比べ、デザインにこれといった特徴がないせいか、少々インパクトに欠ける。監督は山際永三が担当したが、残念なことにこのエピソードの記憶は、ザイゴンとの戦いで負傷した郷が入院した病院のシーンくらいだそうだ。

一方、二本持ちで監督した第九話「超獣10万匹！奇襲計画」は、名コンビの市川森一が脚本を担当し、息のぴったり合ったコメディタッチの快作となった。登場する超獣はガマス。

写真に撮られるとフィルムに取り憑き、それが現像された印画紙や、さらには印刷して複製された紙から、ある種の音波で再実体化するという忍者超獣だ。

多摩丘陵に超獣の現れる兆候が確認された。TACは新兵器RXミサイルを備えたファルコンで上空を警戒するとともに、地上では隊員達が超獣を待ち伏せする。

今野はTACの戦略資料を作成するため、カメラを構えていた。と、その前に若い女が現れる。彼女の名は鮫島純子、雑誌『月刊ボーイズ』写真部所属だという。

果たして超獣ガマスが現れるが、純子がカメラのシャッターを切ると、姿が消えてしまう。今野は純子に写真を分けてくれと頼むが、それじゃあスクープにならないと、けんもほろろに断られてしまう。

以後、ガマスを撮影したフィルムを巡り、じゃじゃ馬の純子に惚れてしまった今野隊員の凸凹ラブストーリーが展開する。

市川　僕は、そういったものが好きなんですよ。橋本さんはまじめな人間だから、ああいうブラックユーモア的なものは、全然駄目なんですね。山際永三だけは、唯一の理解者でした。

――今野隊員は、『傷だらけの天使』（注二）の水谷豊の役回りですが、市川さんの作品の中には、負け犬の美学、というものがあると思いますが。

（注二）
七四年十月五日～七五年三月二九日、日本テレビ系列。市川森一は企画から参加しており、最終回も脚本を担当した。

市川　人生に勝ち負けはない、というのが、僕と山際さんの共通用語でした。僕らは、根性ドラマなんて鼻で笑っていたんですよ。勝ち負けで、何であんなに一生懸命やらなきゃいけないんだろうね、なんて。（『KODANSHA Official File Magazine ULTRAMAN VOL.6』市川森一インタビューより）

山際　こういう話は、僕と市川さんだから出来るんです。じゃじゃ馬娘を演じたのは江夏夕子さん。のちの目黒祐樹さんの奥さんです。僕は彼女を『剣道まっしぐら』（注三）という時代劇で初めて使いました。市川さんが脚本で、結構面白かったですね。千葉周作の青春時代を描くドラマで、江夏さんは道場主の娘。剣道が強い美少女で、周作に惚れている。おきゃんな江戸っ子娘を、上手く演じてくれました。彼女はこの話のカメラマン役にピッタリだと思ったのでお願いしました。

これは今野隊員の話ですね。モタモタしているうちに、彼女に超獣の写真を撮られちゃう。それで写真を借りようとつきまとっているうちに、彼女に惚れてしまう。ちょっと第四話の裏返しみたいなところがありますね。

「超獣10万匹！　奇襲計画」と「決戦！　エース対郷秀樹」の打ち合わせは、七二年四月十五日に行われている。山際の撮影台本によると、場所は東宝と東京映画。つまり先に特技

（注三）『千葉周作 剣道まっしぐら』七〇年十一月二日～七一年八月三〇日。プロデューサーは橋本洋二。脚本に市川森一、上原正三が参加している。

監督（新人の田渕吉男）と打ち合わせた後、本編（ドラマ部分）が撮影されていた東京映画のスタジオに移動したということなのだろう。その後、十七日にロケハンが行われ、クランクインは十九日だった。

『ウルトラマンA』の放送が始まったのは、四月七日である。第一回の視聴率は二八・八％。第二回は十四日、山際組の打ち合わせの前日であった。視聴率はなぜか六ポイント以上下落して、二二・六％。第三回には十七・八％に落ち込み、以後、十％台半ばから後半を推移する結果となる。

番組は『帰ってきたウルトラマン』同様、スタートダッシュに失敗してしまったのだ。

『ウルトラマンA』資料室

山際永三監督が所蔵していた『ウルトラマンA』の脚本をメインに紹介していく。

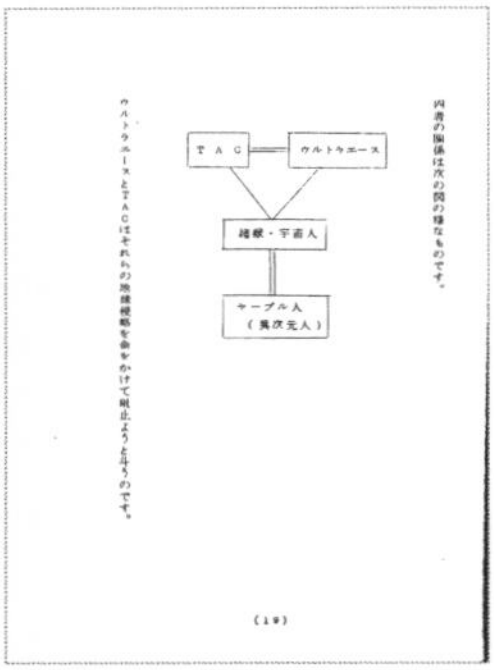

『新番組企画 ウルトラA』で、ウルトラAとTAC、超獣・宇宙人と異次元人ヤプールの関係を示した図。

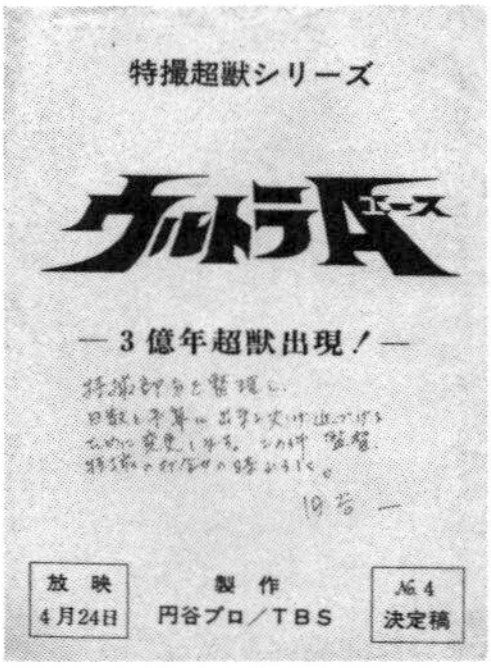

第4話「3億年超獣出現！」決定稿表紙。当時、円谷プロの代表だった円谷一が、赤ペンで特撮シーンの見直しについて記している。

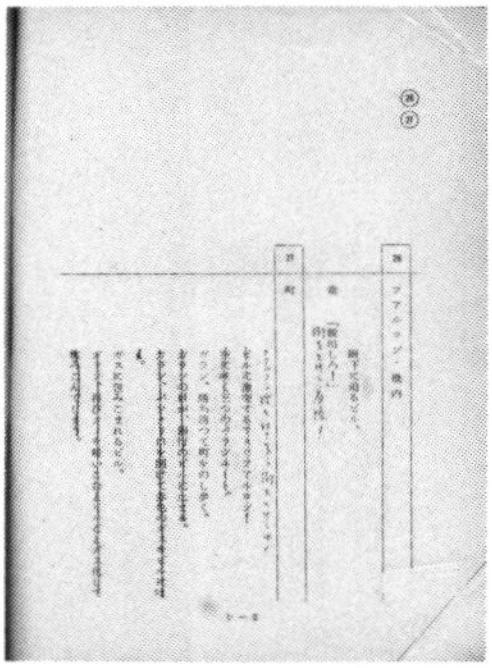

左の脚本は、円谷一によって変更個所のページの端が折られていて、鉛筆で削除の指示や新たな書き込みがなされている。当時、会社の債務処理に必死だった一の苦労が偲ばれる。

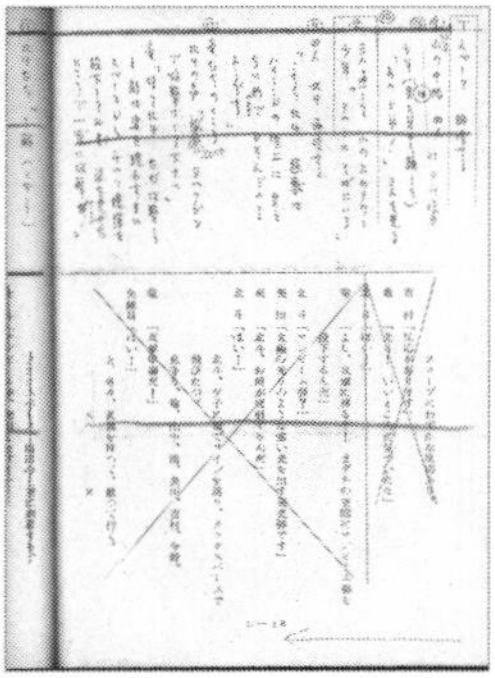

第15話「黒い蟹の呪い」で登場するはずだったサンビーム弾は、山際の手で窒素爆弾に変更された。

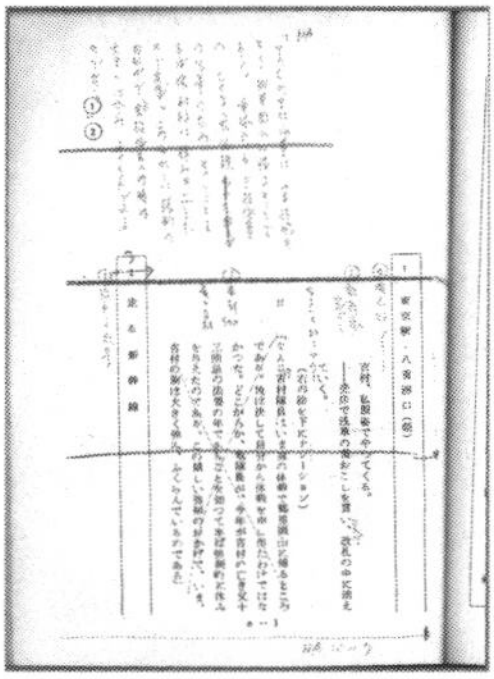

第16話「怪談・牛神男」の冒頭、吉村隊員の帰省についてのナレーションは、山際が後で付け足したものである。

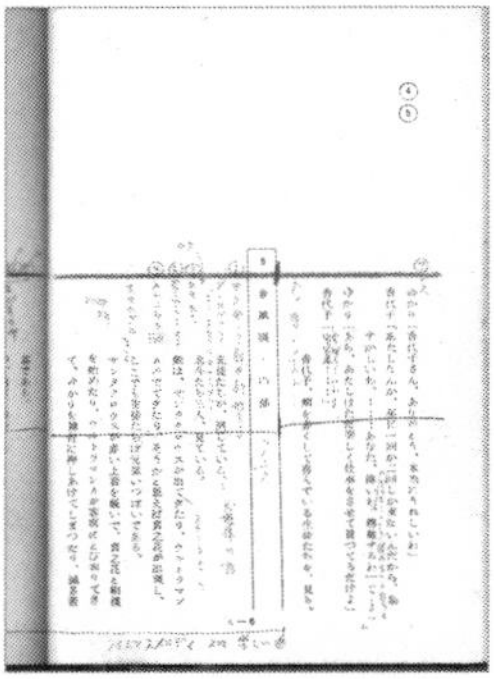

第38話「復活！ ウルトラの父」、春風園でのクリスマス会の寸劇は、石堂淑朗の脚本では、シチュエーションが指定されているのみ。

第二部

迷走する超人

あえぐ視聴率

『ウルトラマンA』の視聴率の落ち込みは急激だった。なにしろ、第一回から第三回までに一気に十一ポイントも落ちてしまったのだから。第四回は、さらに落ちて十六．二％。山際永三が監督した、第三話「燃えろ！ 超獣地獄」と第四話「3億年超獣出現！」は完成度が高く、『ウルトラマンA』の世界観を広げる役目を果たしたと言えるが、子供達は受け入れてくれなかった。

なお、『ウルトラマンA』の裏番組には、東映が時代劇版『仮面ライダー』として制作した『変身忍者 嵐』があり、『シルバー仮面』と『ミラーマン』同様、同時間帯での特撮番組対決となっていた。

『変身忍者 嵐』は、東映が力を入れて制作した作品であったが、第一回「猛襲‼ 怪魚忍者毒うつぼ」の視聴率は四．一％と、同日スタートの『ウルトラマンA』に二〇ポイント以上の差を付けられて惨敗、第二回「怪猿忍者！ マシラ現わる‼」は六．七％とやや持ち直すが、『ウルトラマンA』の敵ではなく、第十三話「オバケクラゲだ！ 血車潜水艦だ‼」以降、路線変更を含むテコ入れを繰り返し、番組の延命を図った。

一方『ウルトラマンA』であるが、山際組二本の後は、真船組によるイベント編の第五話「大蟻超獣対ウルトラ兄弟」、第六話「変身超獣の謎を追え！」だったが、視聴率はそれぞれ十七．六％、十七．四％と横這い。

制作者側としては、第一クール中盤の目玉である第七話「怪獣対超獣対宇宙人」、第八話「太陽の命 エースの命」の前後編に賭けるしかなかった。結果は前編が十八．三％、後編が十九．九％と健闘するも、残念ながら視聴率回復の起爆剤とはならず、第九話「超獣10万匹！奇襲計画」で十六．八％と三ポイント下がる。以降、第十話「決戦！ エース対郷秀樹」十六．六％、第十一話「超獣は10人の女？」十七．二％と横這い。第十二話「サボテン地獄の赤い花」では、これまでの最低である十四．五％にまで落ち込んだ。

制作者側は頭を抱えたに違いない。裏番組に同じ特撮番組が控えていたとはいえ、第二話以降の不振は、子供達が番組に魅力を感じてくれなかったことが最大の原因であろう。

では、過去のシリーズと異なる『ウルトラマンA』ならではの魅力とは？ それは、すでに述べた通り、男女合体変身という前例のない設定、異次元人ヤプールという共通の敵の登場、彼らに操られる超獣の存在、そしてウルトラ兄弟という設定を前面に出すことで、世界観の広がりを示すことだった。

こうした施策のうち、男女合体変身については、関係者の多くが、その設定をストーリーに組み入れることが困難だったと語っている。詳しくは第三部で説明するので、ここではその他の施策について検討してみたい。

まずは、子供達にとって最大の関心事であった超獣という設定の問題点について分析しよう。『製作メモ ウルトラA』で、超獣は、以下のように設定されている。これは番組関係者向けの申し合わせの文書で、企画書ではない。内容は脚本に沿った形で、番組の内容、ウルトラA、TAC、登場人物達の設定等が記載されている。印刷は一九七二（昭和四七）年二月二六日である。

異次元空間にすんでいる異次元人（ヤプール人）が超獣製造マシーンを使い、地球上の生物（例えば、昆虫とか深海魚、ハ虫類、その他の動物）と異次元の生物とを合体して作ったのが「超獣」です。

「超獣」は、いままで地球上に登場した、いかなる怪獣や、宇宙人より、強烈なキャラクターと性格を持った新しい巨大生物です。

またヤプール人は、地球を我がものにするため、異次元から地球のある三次元への壁、空を破って、超獣を登場させます。

例えば——

○アリと異次元昆虫を合体してできた〝アリモン〟はアリの鋭いキバを持ち、口からは溶解液を吐いて人間はいうにおよばずビルをもどろどろに溶かしてしまいます。異次元昆虫の要素としては、普段アリの弱い火炎に対し、抵抗力を持っていてなかなか退治出きないことになります。

○電気ウナギとチョウチンアンコウを合体した〝エレキアン〟は、口先のチョウチンで誘い寄せ、エレキでしびれさせます。タンカー船も爆沈させられます。

○コンドルと異次元恐竜をかけあわせた怪鳥〝コドン〟はコンドルの鋭い嘴で襲撃、ジャンボ旅客機に体当たりして墜落させてしまいます。ミサイル攻撃にも強いところは、異次元恐竜の特質をかねそなえていることになります。

まさに想像を絶する超獣たちが次々と襲ってくる仕掛です。

この超獣のメリットは、子供たちがその特徴の一部を知っていることです。自分が日頃から図鑑などで親しんでいる生物が巨大化し、さらに別の特徴をプラスして大暴れするのですから〝カッコいい〟ということになります。

さらにもう一ツのメリットは、一見して他に氾濫している怪獣や宇宙人と区別がつく点です。それだけキャラクターが明確であるわけです。

内容は『ウルトラV』に記載されていた超獣の設定とほぼ同一で、〝宇宙の生物〟が〝異次元の生物〟、〝宇宙昆虫〟が〝異次元昆虫〟に変更された程度の違いである。

〝強烈なキャラクターと性格を持った新しい巨大生物〟と謳っているものの、よく読むと、〝地球上の生物（例えば、昆虫とか深海魚、ハ虫類、その他の動物）と異次元の生物とを合体して作った〟こと以外、具体的な特徴の記述がない。従って〝一見して他に氾濫している怪獣や宇宙人と区別がつく〟には不十分だったのではないだろうか。

脚本家によって超獣の解釈が異なることも問題だったかもしれない。超獣の生みの親である田口成光は企画書のラインを守り、上原正三もそれに従っていた。上原が脚本を執筆した第十二話「サボテン地獄の赤い花」には、ハリネズミとサボテンが合体したサボテンダーが登場する。この超獣に宇宙生物の要素は入っていないが、ドラマはサボテンダーの生態を丹念に描いていく。

小さなサボテンに化けたサボテンダーを焼き払おうとする山中に、北斗が「過去にも宇宙昆虫がレーザー光線を浴びて、巨大化した例があります」と言う。つまりこの台詞で『帰ってきたウルトラマン』の自作（第二六話「怪奇！殺人甲虫事件」）とのつながりまで表現していたのだ。ある意味、『ウルトラマンＡ』の理想型と言って差し支えないエンターテインメント編である。

一方、市川森一の考える超獣は、地球上の生物とメカが合体したものだったようで、口にミサイルランチャーのあるベロクロン、動物とメカの融合体であるベストザイラー（未映像化）、口から吹き矢を発射し、手裏剣を武器とするガマス等を生み出している。

田口　書き手としては、超獣と怪獣をあまり区別していませんでした。他の番組との差別化のために、便宜的に使っただけです。ですから具体的にどういうデザインにするか、基本はお任せでした。でも、それじゃデザイナーが困りますよね。ライターが楽をして、現場に押しつけているわけだから。

ではデザイナー側では、超獣をどう捉え、具象化していったのだろうか。特殊美術デザイナーの井口昭彦は、以下のように証言する。

井口　超獣という名前からまず考えたのは、ウルトラマンと比較して大きいもの。自分の中のイメージでは、小が大を倒す正義の味方というものがありました。

それは、エースに入っていた人が小ぶりだったし（注一）、東宝のステージを使うことが出来たから可能だったんです。

というのもビルト（東京美術センター）のホリゾントのタッパ（高さ）は二間（約三．六メートル）ですが、東宝の第一、第二ステージは四間（約七．二メートル）ありますからね。ビルトでタッパが足りないときは、地面を掘りましたよ。

超獣に関して、台本では細かい指示はないんですよ。だから台本を貰ったときに、どうイメージを広げるかが大切でした。それは作品タイトルや超獣名からだったり、ストーリーからだったりします。

それにデザインと造型は一体なんですね。造型を頼むのが大勢の職人さんを抱えている会社だと、上手い職人さんに当たるといいんですが、そうじゃないと残念な結果になります。

その意味でベロクロンはかなり気に入っています。あれは村瀬（継蔵）さんの会社で作ってもらったんですが（注二）、村瀬さんの力は凄いですね。デザインを大事にしてくれます。

（注一）
第一、二話は中西正、第三話以後は武内正治が演じた。

（注二）
有限会社ツエニー。同社は七二年に設立されたばかりだった。現在、村瀬継蔵は会長。

カメレキングもいい造型作業だと思いますね。ブロッケンは、人が二人入るのをやりたかったんです。もちろん身体を大きくする一つの手でした。

山際 当時、玩具屋さんから機械的な怪獣を、という話が来ていました。子供達は機械をいじるのが好きだから、怪獣と合体させて超獣。それで『ウルトラマンA』では怪獣が少し機械的になってしまって、漫画から飛び出すとか、写真から飛び出すという設定まで出てきました。でも、あまり機械的な怪獣は、子供は好きじゃないんですね。

僕は『帰ってきたウルトラマン』の頃から言っていたんだけれども、ウルトラマンより怪獣のおもちゃがよく売れるのはどうして？ ということ。でも誰も答えられない。子供は、昆虫とか爬虫類が好きなんですが、それが、怪獣を好きになることとつながっているんだと思います。

当時の筆者の感覚では、小学館の学習雑誌等の情報で、この超獣は地球上のあれと、宇宙生物の何々の合体だと解説されていても、見た目ではハッキリわからず、いかつくて派手になったこと以外、従来の怪獣との差はよくわからなかったというのが本音だ。

その点、同時期の『仮面ライダー』に登場した合成怪人は、ガニコウモルにせよ、サソリトカゲスにせよ、ネーミング、デザイン、造型いずれも異種生物の合体そのものだったので、実にわかりやすかった。この辺りの上手さは、さすが東映であるが、ゲルショッカーの怪人達は、見た目がグロテスクで個人的にはあまり好きになれなかった。

子供達の間で超獣がどう受け入れられたかを考える場合、玩具の売れ行きが一つの指標になるだろう。くらじたかしが著した『マルサン・ブルマァクの仕事 鐏《いしづき》三郎おもちゃ道』（文春文庫）には、玩具メーカー、ブルマァク（注三）が当時発売した超獣のソフトビニール人形の売れ行きのことが記されている。それによれば、『ウルトラマンA』の超獣人形は、『帰ってきたウルトラマン』の怪獣人形の三分の一ほどで不振だったとある。そのため番組中盤以降の超獣はほとんど商品化されず（注四）、同社は商品化権獲得の契約金七〇〇〇万円を回収出来ずに終わったそうである。そしてそれが、ブルマァク崩壊の序曲となった。

やはり子供達には、超獣というキャラクターはあまり受け入れられなかったのだろう。

では差別化の別の柱であるウルトラ兄弟という設定はどうだったのか？ 第十四話までの視聴率を見ると、第五話、第十三話等、ウルトラ兄弟が登場する回は確かに前週より若干上昇するものの、それ自体が有効なカンフル剤とはならなかったようである。しかも、あまりひんぱんに兄弟を出すと、エースの存在感が霞んでしまうという問題もあった。

橋本 『ウルトラマンA』は、従来の路線とは違うことを色々試みた番組でした。小学館の編集の若い人達とミーティングをして、知恵も授かりましたね。

彼らの意見の一つに、『帰ってきたウルトラマン』は、紙面を飾るのにふさわしいものがあまりないというのがありました。だから新しいネーミングだとか、新しい技を出してくれとか

（注三）
マルサン社員だった鐏三郎らが同社の倒産後設立した会社。

（注四）
円谷プロによると、単に商品化されなかったというよりも、もっと悪い状況だったようだ。バラバ、キングクラブ、サボテンダー、ホタルンガの四体が、金型制作まで進行し同社のカタログに彩色見本の写真掲載までされながら発売に至らなかった。これらの未発売金型は、次作の『ウルトラマンタロウ』でも未発売に終わった七体の怪獣と合わせて「幻の十一体」と呼ばれ、二〇〇〇年代に当時の金型（元型。量産用には元型成形品をさらに複製した「増し型」が制作される）が発掘され、バンダイB-CLUBブランド（のち一時的に復活したPOPYブランド）から順次復刻（実質的には初商品化）発売された。

頼まれました。
超獣もその流れで出てきたものなんですが、脚本家も超獣って何だかわからない。実質が伴わないので、ちょっと蹈鞴《たたら》を踏んだという感じでしたね。
ウルトラ兄弟を前面に出したのは、僕と熊ちゃんなんです。兄弟を出して、父を出して、母を出してという路線をやってみようという考えが二人にはありました。でも『ウルトラマンA』の兄弟路線は、あまり成功とは言えませんでしたね。

差別化の最後の柱、異次元人ヤプールという設定にも問題があった。シリーズ初となる共通の敵として登場した彼らだったが、モヤモヤして実体のわからない存在として設定してしまったがゆえに、ドラマ的な立ち位置が観念的になってしまった感は否めない。『新番組企画 ウルトラA』には四者の関係図が記されているが（一二二ページ参照）、図上では明らかでも、悪のトップがモヤモヤとした存在では、脚本に落とし込んでいく段階で様々な困難が生じたようだ。

田口 シリーズで最初に登場した共通の敵なんだけれども、ウルトラマンの世界では難しかったですね。例えば『仮面ライダー』みたいに、雑魚（戦闘員）がいっぱいいると書きやすいんですよ。ボスが命令して、まず雑魚が動き始めて、その背後に怪人がいる。ウルトラマンの場合、怪獣は基本的に最後に出るだけですから、こういう積み重ねが出来ないんですね。

この問題点は、田口が執筆した第三話「燃えろ！ 超獣地獄」ですでに露呈していた。ドラマの進行役は司郎少年だが、彼は同居していた老夫婦に自分の正体を明かし、「ヤプール人だ。私の名はバキシム」と名乗る。ヤプールは地球上で工作する組織を持たないため、自身が化けて暗躍したのだ。では、ヤプールは人間に化けられるだけでなく、『ミラーマン』に登場したインベーダーのように、超獣に変身する能力を持っているのだろうか？ それともヤプールの正体が超獣なのか？ だが、ドラマの中でそれが説明されることはなく、ヤプールに対する疑問は深まるばかりだった。

「燃えろ！ 超獣地獄」のように、ヤプールが直接動くのは例外的で、劇中、ストーリーを進める駒が必要な場合、彼らの代理人的な宇宙人が登場するケースが第一クールでは目立った。第五話「大蟻超獣対ウルトラ兄弟」のギロン人、第七話「怪獣対超獣対宇宙人」、第八話「太陽の命 エースの命」のメトロン星人Jr、第十話「決戦！ エース対郷秀樹」のアンチラ星人がそうだ。しかしヤプールと彼らの関係は曖昧で、視聴者にはもどかしい思いが残ってしまった。

また第四話「3億年超獣出現！」では、ヤプールは久里虫太郎を操り、第六話「変身超獣の謎を追え！」では宇宙飛行士の小山にブロッケンを乗り移らせて操る。だがこうした構成が、かえってヤプールを遠い存在にしてしまったことも事実だ。

筆者とのインタビューで、ヤプールとは沼正三のSF小説『家畜人ヤプー』からのネーミングであることが、市川の口から語られている（注五）。このヤプールに関して、面白い事実がある。

脚本でヤプールが登場するのは、二月十二日印刷の「輝け！ ウルトラ五兄弟」（最終稿）、「空を破って悪魔が来た」（最終稿）、「超獣を見た！」（準備稿）からである。第一話、二話が準備稿、決定稿、最終稿と二度改稿されていたのはそこに原因がある。

一月二七日印刷の『新番組企画 ウルトラA』、「緑の星に生まれた子よ！」（準備稿）、「大超獣を越えてゆけ！」（準備稿）では、敵の存在について、それぞれ以下のように記されている。

まずは『新番組企画 ウルトラA』の〝シリーズの設定と展開〟の項を引用する。

> 恐るべき異次元の世界から、〝青く輝く宇宙のエメラルド〟と呼ばれるわが地球に侵略目標をおいて、次々と魔の手がのびてくる！
>
> 彼等は三次元と四次元を自由に往復できる恐るべき能力を持ち、神出鬼没、東京上空に現れたかと思うと、太平洋上でタンカー船を撃沈させて姿を消したりします。

「緑の星に生まれた子よ！」では、冒頭、広島にバロクロン（ベロクロンと表記されるのは最終稿から）が現れるシーンで、以下のようなナレーションが用意されている。

（注五）
市川 沼正三さんの『家畜人ヤプー』は、あの頃我々も読んでいましたから、ヤプーにルをつけたんです。（『KODANSHA Official File Magazine ULTRAMAN VOL.6』より）

「諸君、この巨大な謎の生物は、もはや怪獣ではない。地球侵略を目的とした宇宙人たちが、地上の文明を破壊するためにつかわした生きた超兵器、すなわち、超獣と呼ばれる異次元の改造生物なのだ」

――――

「大超獣を越えてゆけ！」では、ＴＡＣ本部における北斗と南の歓迎会のシーンで、竜隊長が敵について以下のように語る。

「地球は狙われている。侵略者共はいつなん時、どんな方法で襲ってくるか知れない。我々ＴＡＣの使命と責任はいよいよ重くなった。だからこそ、北斗君、南君のような若い力が必要なのだ」

――――

前者のナレーションは、第一話の竜隊長の台詞として、後者はほぼそのままの形で完成作品に残っているが、いずれの準備稿および決定稿にもヤプールが登場しないため、謎の侵略者達が、超獣の背後にいると暗示されるだけだ。これは筆者の想像に過ぎないが、市川としては、彼らの正体をしばらく伏せてシリーズを展開しようと構想していたのかもしれない。しかし決定稿が上がった後、やはり敵は初回から明確にしておいた方がいいという意見があり、最終稿が執筆されたのではないか。

第三話準備稿「超獣を見た！」で、ヤプールが地球の少年に化けるという設定がいきなり登場したのは、ヤプールの設定があやふやなまま、シリーズを展開しなければならなくなった初期段階の混乱が顕在化した結果ではないだろうか。

さて、ここまで述べてきたように、『ウルトラマンA』の四つの新機軸、男女合体変身、超獣、ウルトラ兄弟、異次元人ヤプールは、第一クールにおいて、いずれも期待しただけの効果を上げなかったのである。だからといって、それらを捨てれば、番組の独自性を失うことになってしまう。

『ウルトラマンA』は、こうした諸問題を解決する糸口をつかめないまま、第二クールに突入したが、そこでまた新たな問題が発生したのである。

メインライターの降板

視聴率が十%台に落ちた第三話「燃えろ！　超獣地獄」が放送された四月二一日の時点で、脚本は第十一話「超獣は10人の女？」決定稿（四月十八日印刷）まで上がっていて、二三日には第十二話「サボテン地獄の赤い花」決定稿が印刷されている。

一クール目と二クール目の橋渡しとなる第十三話「死刑！　ウルトラ5兄弟」と、第十四話「銀河に散った5つの星」の決定稿は五月八日と、それまでのペースを考えると少々時間が空いている。

これは『帰ってきたウルトラマン』における第十三話「津波怪獣の恐怖 東京大ピンチ！」、第十四話「二大怪獣の恐怖 東京大龍巻」と同様、視聴率回復のための仕掛けが必要となり、打ち合わせにいつもより時間がかかったということではないだろうか。

第一部で述べたように橋本洋二の采配で、脚本は前編が田口成光、後編が市川森一の担当である。

田口 前後編は大体一人で書くんですよね。市川さんとは打ち合わせをした記憶がないんですが、前編を引き継いで書くのはしんどいです。前編は風呂敷を広げるんで、その処理が大変ですから。

打ち合わせをした記憶がないとのことだが、前編に出てくるゴルゴダ星、超獣バラバという二つのキーワードは（注二）、明らかにクリスチャンである市川森一好みだ（田口もクリスチャンだが、キリスト教のモチーフを作品に用いることは少ない）。

第十三話「死刑！ ウルトラ5兄弟」と、第十四話「銀河に散った5つの星」は、第一話以来でウルトラ兄弟が勢揃いし、しかも最大の危機に陥るというスケールの大きな作品だ。

早朝、一郎少年が自転車で新聞を配達している後ろを、弟の昭二が追っている。プラモデルが欲しい昭二は、兄を手伝って、お小遣いをせしめようとしているのだ。

（注二）
ゴルゴダは、イエスが処刑された丘の名前。バラバは、イエスの代わりに赦免された囚人の名前である。

と、朝焼けの空に超獣バラバの姿がボンヤリと浮かび上がる。兄弟はTACに連絡しようとするが、バラバは右手の鞭を伸ばして、二人が入った電話ボックスに引っかける。昭二は一郎の助けでからくも脱出に成功するが、その後、バラバが電話ボックスを地面に叩きつけてしまったため兄は死んでしまう。

警察は、他に目撃者がなく、通報もなかったことから、単なる事故と見て、超獣の存在を信じようとしなかった。

市井の兄弟の視点から始まる辺り、いかにも田口好みの展開だが、後編では兄を殺された昭二にあまりスポットが当たらない。広げた風呂敷が大きすぎて、市川の手が回らなかったのか、あるいは題材そのものに興味を持てず、あえて後編では触れようとしなかったのか。いずれにしろ、前編で田口が蒔いた種を、市川は拾おうとしなかった。

監督はシリーズ初参加の吉野安雄。大ヒットしたコマンドアクション『忍者部隊月光』で監督デビューし、その後は石坂浩二、宝田明主演のアクションミステリー『平四郎危機一発』等に参加していたベテランである（注二）。『ウルトラマンタロウ』（注三）では、第四話「大海亀怪獣 東京を襲う！」、第五話「親星子星一番星」の前後編も担当している。

一郎が死んだ日の朝、TAC基地のレーダーは、不思議な星を捉えていた。特殊レーザー光線で撮影したその姿はデスマスクを思わせ、ゴルゴダ星と命名された。その星は、マイナス宇宙に存在し、肉眼で見ることは不可能だった。

一方、一郎の事故現場に立ち会った北斗と南は、その後パトロールに出るが、突然ウルト

（注二）
『忍者部隊月光』六四年一月三日～六六年三月三一日、フジテレビ系列。
『平四郎危機一発』六七年十月七日～六八年三月三〇日。

（注三）
七三年四月六日～七四年四月五日。

ラリングが光る。二人が空を見上げると、ウルトラサインが現れメッセージを伝えた。

「ゴルゴダの星に集まれ」

異常事態が発生していると感じた二人はウルトラマンAに変身、光の速度を超え、マイナス宇宙に飛び込んでいく。

かくてゴルゴダ星にウルトラ兄弟が集った。奇妙なことにエースはウルトラサインに呼び出されたと思っていたが、兄弟達はエースが呼び出したのだと思っていた。と、突如パイプオルガンが鳴り響く。兄弟が音のする方角へ向かうと、丘の上に五本の十字架が立てられていた。そしてそこには、彼ら自身を表すウルトラサインが記してあるではないか。

それはヤプールの罠であった。しかし兄弟がそれと気づいたときは遅かった。十字架に仕掛けられた冷凍装置から発する冷気が兄弟を襲い、寒さに弱い彼らは次第に弱っていった。

その頃地球では、放射能の雨に守られたバラバが街を破壊していた。ヤプールは、兄弟がゴルゴダ星に集結したときを見計らって、バラバを出現させたのだ。エースはテレパシーで地球の危機を知るが、もはや地球へ戻るエネルギーは残っていなかった。

ウルトラマンの提案で、四兄弟はウルトラチャージでエースにエネルギーを分け与えることになった。ウルトラマンは渋るエースを平手で打つと、「このままではウルトラ五兄弟はここで死ぬことになる。だがエース、お前は死ぬにはあまりにも若すぎる。生きるんだ、エース。兄さん達の分まで活躍出来るのは、お前だけなのだ！」と告げる。

四兄弟の決死の覚悟で、エースは地球に帰還することが出来た。しかしエネルギーを使い果たした四兄弟は、十字架に縛り付けられてしまう。

本エピソードは本編（ドラマ部分）と特撮のつなぎがあまり上手くいっていないカットが目立つ。例えば冒頭、兄弟が登場するカットの空はドンヨリと曇っている。その後、バラバが黎明の空に登場するカット、特撮はライトで朝日を仕込み、ホリゾントをスカイラインにして撮っている。しかしその後の本編は、直接空が映るシーンはないものの、デイシーン（昼間のシーン）を普通に撮っているので、特撮とのカットバックに違和感が残る。ここは本編側で特撮とつながるよう、フィルター処理で朝焼けを表現するべきだった。

無論、テレビの限られた予算と時間では、そこまで手をかけられないのかもしれないし、この部分は許容範囲としても、クライマックス、バラバの攻撃を受けてタックアローから脱出した山中、今野を救うため、北斗がタックパンサーを走らせるシーンはいただけない。

パラシュートで曇り空の空き地に着地した二人を乗せ、パンサーが発進する（雨が降っていないが、バラバの周囲だけ降っている設定だからいい）。稲妻が走り、カットは土砂降りのミニチュアセットをバラバに向かって走っていくパンサー。次はフロントガラス越しの北斗のアップだが、窓ガラスに水は一滴も付いておらず、ワイパーも動いていない。

その後、特撮カットのパンサーは、バラバの股下をくぐって攻撃をかわすが、切り返した本編のパンサーには、やはり一滴の水も付いていない。

ついでに言えば、土砂降りの中を飛んでいる設定のアローのコックピットにも水滴は付いていない。コックピットはロケではなくセット撮影である。雨は狭い範囲なら、水道ホース一本で降らすことが出来る。つまり明らかに本編側の演出プランのミスなのだ。この荒っぽい演出のおかげで、前編のクライマックスがかなり白けたものになってしまった。

山中達を救った北斗と南はエースに変身し、バラバに止めを刺そうとするが、そのとき、ヤプールの声が響き渡った。上空に、ゴルゴダ星で磔《はりつけ》になった兄弟達の映像が出現し、バラバの邪魔をしたら、四兄弟の命がなくなるとエースを脅迫する。

バラバを攻撃出来なくなったエースは、傷ついて姿を消す。

「ウルトラマンAは倒れた。そして、ウルトラ四兄弟は十字架の処刑にかかった。地球は、僕らの世界は、北斗、南はもう、二度と立ち上がることが出来ないのだろうか」（ナレーション）

市川森一が担当した後編「銀河に散った5つの星」は、地球人に降伏を迫るヤプールのメッセージとともに始まる。

廃墟と化した街に倒れていた北斗と南は、TAC基地のメディカルセンターで人工太陽光線を浴びて意識を取り戻す。

その日、南太平洋上のTAC国際本部より、高倉司令官が日本支部にやって来る。高倉は、ゴルゴダ星を破壊する命令を伝えに来たのだった。だがマイナス宇宙にあるゴルゴダ星を破壊するには、超光速ミサイルが必要だ。高倉はその設計図も持参しており、命令を発する。

「五日後の七月七日までに完成し、直ちに打ち上げる」（注四）

（注四）実際の放送日。北斗と南、それに円谷英二の誕生日でもある。

しかし北斗は異議を唱える。ゴルゴダ星には、ウルトラ四兄弟が囚われているのだ。まず彼らの救出が先決だと進言するが、高倉は、今は何より地球の危機を救うのが先決だと取り合わないばかりか、多少の犠牲はやむを得ないと言い切る。

本部の命令に逆らうことは出来ない。竜隊長は超光速ミサイルの建造を命じた。超光速ミサイルNO．7は二段式の有人ミサイルで、先端の第一ロケットには人間が乗り込み、目標近くまで誘導する。その後、切り離された第二ロケットが光速を超え、マイナス宇宙へ突入するのだ。

その頃、ゴルゴダ星ではヤプールが超人エースキラーを生み出していた。エースキラーはゾフィー、ウルトラマン、ウルトラセブンからそれぞれのエネルギーを、ウルトラマン2世（劇中の呼称）からはブレスレットを奪ってみずからのものとする。そしてテストのために製造されたエースロボットをM87光線でバラバラにしてしまった。

前編から引き続き登場するバラバに加え、エースキラー、エースロボットが登場。ダメ押しの視聴者サービスである。

五日後、超光速ミサイルNO．7が完成する。そして高倉は、射程距離までの誘導パイロットに北斗を指名する。竜隊長は、北斗は隊員の中で最も若く宇宙飛行の経験も浅いことから、起用に反対する。山中は、NO．7はまだ試作段階で欠陥も多く、この任務にはベテランがふさわしいとみずから志願するが、高倉の意思は固かった。

高倉は、北斗の起用は、隊員全員の体力テスト、耐久テストのデータを詳細に調べ上げ、コンピュータが指名した結果だと言うが、明らかな懲罰である。

この一件で、高倉とTAC隊員の間に亀裂が生じていく。市川は、高倉をステレオタイプの旧帝国陸軍軍人調に描くことで、低年齢層の視聴者にも、任務の愚かしさと非情さ、そしてこれから起きるであろう危機が伝わるようにしている。

南は命令に従う北斗に対し、自分の手で兄弟を殺すのか？と聞くが、北斗は「俺が辞めても誰かがやるだけだ。他の者にはやらせない」と答える。

二人が離れ離れになることは、エースへの変身不可能を意味している。市川は、自身の発案である男女合体の設定の弱点を巧みに使っている。

ゴルゴダ星まであと六万キロと迫り、第一段ロケット切り離しのタイミングとなった。しかし切り離しは失敗した。大気圏脱出の際の衝撃で、切断回路が切れてしまったのだ。

ここで高倉は非情な決断を下す。このままスピードを超光速に切り替え、ゴルゴダ星に突入せよというのだ。しかし竜隊長は地球に引き返すよう命じる。

驚く高倉に対し、「計画の指揮官はあなただが、TAC隊員の命を預かっているのは、この私です。これから先は、私が指揮を執る！」と言い放つ竜隊長。

この瞬間、高倉とTAC隊員の決裂は決定的になる。隊員達は、高倉の高慢な振る舞いに怒りを覚えていたのだ。普段は北斗と対立することの多い山中でさえ、「あの司令官は、お前がゴルゴダ星を爆破することに反対したんで、ムキになってんだ」と言い、発射間際に自分が入れ替わってもいいと、北斗に提案していたほどだ。

頑迷な高倉は、北斗に改めてゴルゴダ星への特攻を命じるが、竜隊長が高倉を殴り倒す。しかし北斗は、最初から地球に帰る気がなかったと言い、そのままゴルゴダ星に向かう。高倉司令官を演じるのは、時代劇の悪役で圧倒的な存在感を示した重鎮の山形勲。竜隊長役の瑳川哲朗も時代劇俳優のイメージが強い。従って二人が対立する場面は、重厚な時代劇を見ているような錯覚を起こさせる。

再びバラバが出現し、竜隊長以下TACの面々が出撃するが、基地に残った南が北斗と通信していると、指のリングが光る。そのとき、奇跡が起こる！ 二人が腕を差し出すと、宇宙にいる北斗と地球にいる南が合体変身し、ウルトラマンAがミサイルから飛び出す。せっかく二人を離れ離れにしたのだが、この解決法は、いささか安易だったと思う。とはいえ、最後まで見せ場たっぷりの後編である。クライマックスは、エースが新必殺技のスペースQでエースキラーを倒した後、地球に引き返してバラバを倒すという二段構えだった。この前後編は『ウルトラマンA』の世界観を描き切ったかのようなエンターテインメント大作だったが、市川森一は「銀河に散った5つの星」を最後に、番組を一旦降板してしまう。

田口　市川さん、この番組を押しつけられた感じに思って、腰が引けたのかなあ？ 確かにホンに手こずっている感がありました。

橋本　市川さんは、テーマ本位の人じゃないので、ものを書いていて詰まってしまうことがあるんです。周囲は早く書け、と急かすんですが、自分の中でテーマが成立しないんですね。そういうところも市川さんのいいところなんですが、『ウルトラマンA』はあまりにも書けませんでした。結局、降板ということになりましたが、その次（のメインライター）は誰かというと田口さんになっていくわけです。

市川森一は『KODANSHA Official File Magazine ULTRAMAN VOL.6』で、自身の降板について以下のように証言している。

――橋本さんと市川さんのエピソードでよく言われるのがテーマのことで、市川さんの作品にはテーマがない、と橋本さんが言ったら、「テーマがなくても書けます」と言ったとか。

市川　橋本さんの言うテーマというのは人間ドラマ、何か人間が成長していくことがテーマだったんですよ。でもやはりドラマの最大の力というのは想像力。『私が愛したウルトラセブン』（注五）でもタイトルにしましたが、〝夢見る力〟あれがすべてなんだと。僕は特撮もので人間ドラマを書く、というのがあまり好きじゃなかったんですよね。円谷特撮は、絶えず『ウルトラQ』に帰れ、純粋にSFであるべきだ、と僕は基本的にずっと戦い続けてきたんですよ。純粋なSFにそこいらのホームドラマを持ち込んでほしくない、ということですね。橋本さんはあまりにも人間ドラマにこだわりすぎる、ということが、と

（注五）
九三年二月十三日、二〇日、NHK。市川が脚本を担当。筆者もスタッフとして参加。「夢見る力」は第二部のタイトル。

しょっちゅう喧嘩の元でした。（中略）

——残念なことに、1クール目の終了を待って、メインライターを降板してしまうわけなんですが。

市川　やっぱり僕も自分の作った設定がそうならないから面白くなくなっちゃって、もう書かなくなってしまったんです。僕は〝ウルトラシリーズ〟はこれで最後だ、と。あれは20代の仕事だ、もう僕も30になって結婚もしたしもうちょっと先に行こう、と。正直そういう気分もあったのかな？『快獣ブースカ』（注六）から7年、僕の中でこういったドラマを完全燃焼したという気分もありました。『ウルトラマンA』は僕自身のレクイエムにしようということで引き受けて、最終回じゃないけれども、5兄弟全部ゴルゴダの丘の十字架にかけちゃって。ウルトラマンも全部死刑、と。

市川森一は、第十四話を最終回のつもりで書いていたという。こうして市川は『ウルトラマンA』を去った。そして番組はその後、当初の方向性とは異なる道に進んでいくのである。

（注六）六六年十一月九日〜六七年九月二七日、日本テレビ系列。市川のデビュー作。

夏の怪奇シリーズ・一

「死刑！ ウルトラ5兄弟」視聴率は十八．〇％と、前回の十四．五％から三．五ポイント上昇。しかし「銀河に散った5つの星」は十七．一％と下がってしまっている。

実はこの時、視聴率で『ウルトラマンA』に大きく水をあけられた『変身忍者 嵐』は、最初のテコ入れを行っている。第十三話「オバケクラゲだ！ 血車潜水艦だ‼」では時代劇に潜水艦を登場させ、第十四話「血ぐるま怪人集団！ 総攻撃‼」では、過去に登場した化身忍者十体が甦って大暴れする（注一）。

以後の『変身忍者 嵐』は、第二二話でそれまでの敵、血車党が滅び、代わりに西洋妖怪軍団になる路線変更等、テコ入れを繰り返しながら『ウルトラマンA』に対抗していく。しかし『ウルトラマンA』は二クール目に突入しても、基本的なラインの変更を行っていない。それでも第十五話「黒い蟹の呪い」から第十七話「怪談 ほたるヶ原の鬼女」までの三週は〝夏の怪奇シリーズ〟と題するファンタジー色、怪奇色の強いエピソードを連作している。熊谷健発案によるこのシリーズは、『帰ってきたウルトラマン』の〝冬の怪奇シリーズ〟（注二）同様、視聴者の目を引くための策であった。

シリーズ最初の二本「黒い蟹の呪い」と「怪談・牛神男」は、山際永三監督による二本持ち。田口成光が脚本を執筆した「黒い蟹の呪い」は、父親を海で亡くした少年と、彼が父親の化身と信じるカブトガニの交流を描く物語。家族の絆を描くのが得意な田口の作風がよく

（注一）
前回までに十三体の化身忍者が登場しているのだが、このエピソードで出るのは十体と、新怪人の人喰いガラス。

（注二）
第三九話「20世紀の雪男」、第四〇話「まぼろしの雪女」。

出た秀作である。海洋汚染についても触れており、当時公害大国だった日本の姿が刻み込まれている。

山際による二本は『ウルトラマンA』で初の地方ロケ作品である。なお、「黒い蟹の呪い」では今野隊員が、「怪談・牛神男」では吉村隊員が実家に帰る設定になっていた。そこで山際は前者の決定稿に手を入れて、今野が親戚の家へ遊びに行くという設定に変更した。

山際　岡山ロケの二本です。これは熊ちゃんが岡山の話を作ろうと言い出して、熊谷さん、石堂（淑朗）さん、田口さん、それと僕の四人でシナハン（注三）に行きました。

地方ロケですから、タイアップがつきものです。岡山のタイアップ先は、大映テレビのプロデューサーの風間孝雄さんが紹介してくれました。風間さんは、とてもいい人でしてね。僕が大映テレビで最初に撮った『どんといこうぜ！』（注四）では、沖縄ロケもやってくれました。そのときは、沖縄に帰っていた金城（哲夫）さんが大歓迎してくれました。この番組も橋本さんがプロデューサーです。風間さんは、橋本さんにとても可愛がられていたんです。

岡山のシナハンで、風間さんが紹介してくれた日本オリーブの社長に会いました。オリーブ畑（牛窓オリーブ園）や、化粧品会社（オリーブマノン化粧品）やビルを持っているという地元では有名な財界人でした。

その方が色々なところを案内してくださったんですが、結果的にあれもこれもドラマに出さなければならないので、田口さんは苦労していましたね。

（注三）シナリオハンティング。シナリオを書くために、物語の舞台となる場所に出かけること。

（注四）六九年一月六日〜六月三〇日。

実は田口の担当回は、全く別の話になる可能性があった。山際が所有していた『ウルトラマンA』の撮影台本には、一枚のメモが挟まれていた（注五）。円谷プロの社名が印刷されたメモ用紙に、山際が岡山ロケ作品の構想を記したもので、まず〝田口氏にたのむこと。一見まるっきしの観光映画のように作ること〟という注文が入る。〝まるっきしの観光映画〟とは、タイアップを意識した文言だろうか。

山際が想定していたのは、女の子の冒険物語で、その子は想像力がたくましく、コケティッシュで、夢の多い、可愛らしい子である。魚を食べれば、目から骨まで全部食べる。骨が喉に引っかかって目を白黒させたり、超獣が出てくると、キャーキャー騒いで逃げるような普通の女の子だが、実は目が見えない。北斗と南は、烏城《うじょう》と異名を取る岡山城で、点字に触れているその子と出会い、彼女に二人が振り回される喜劇を想定していたようだ。

山際らしい、少々社会性のある物語のアイディアである。このメモが興味深いのは、山際はロケ地として岡山城を指定していることだ。あるいは当初、ロケ地は岡山市を想定していたのではないだろうか。しかしタイアップ先が見つからず、倉敷市に変更されたのかもしれない。

田口　タイアップ先の一つが鷲羽山《わしゅうざん》のホテルで、隣に遊覧船の乗り場がある。漁師さんがアルバイトで遊覧船をやっているんですよ。その近くに生け簀があってカブトガニが泳いでいたん

（注五）現在は国会図書館に寄贈されている。

で、カブトガニの話になりました。

山際は決定稿にナレーションを足したり、台詞に手を入れたり、細部で変更を行っている。最も大きく変更された部分は、鷲羽山ハイランド（現・ブラジリアンパーク鷲羽山ハイランド）上空に潜んでいた超獣キングクラブを、TACが窒素爆弾で実体化させるシーンだ。決定稿での舞台は〝塩田〟と指定されており、北斗は太陽のような強い光を発するサンビーム弾を超獣に向けて発射する。超獣はその後ハイランドに移動するのだが、完成版ではハイランドのみで撮影されている。現地での移動を減らすための配慮だろう。

特殊技術は田渕吉男。中野昭慶組の助監督で、第九話「超獣10万匹！奇襲計画」でデビューした。『ウルトラマンA』の後は東宝映像が制作した特撮番組『流星人間ゾーン』や『日本沈没』を担当している（注六）。

エースとキングクラブの対決シーンは、途中で相撲のアクションを取り入れている。田渕は第四八話「ベロクロンの復讐」でも相撲を取り入れているが、シリアスなドラマ部分とのギャップが激しかった。

続く「怪談・牛神男」の脚本は、『ウルトラマンA』初参加の石堂淑朗。『帰ってきたウルトラマン』では第二〇話「怪獣は宇宙の流れ星」から参加し、番組を盛り上げた功労者の一人である。

（注六）『流星人間ゾーン』七三年四月二日～九月二四日、日本テレビ系列。『日本沈没』七四年十月六日～七五年三月三〇日。プロデューサーは橋本洋二。

橋本　石堂さんのことは、熊ちゃんが興味を持っていました。そこで戸塚の石堂さんの家に行って、大分話し込んだらしいですね。内容は聞いていませんが、それで石堂さんの中の眠っていた熊が起こされたという感じでした。その後で私に電話をかけてきて、「やってみる」と言ってきました。石堂さん、『ウルトラマンA』は、かなり乗って書いてくれました。

田口　今だから言えるんですが、この頃、石堂さんはお金に困っていて大変な時期でした。だから一生懸命に書いたんです。でも失敗もあってね。あるとき、脚本の打ち合わせに石堂さんがなかなか来ないんですよ。しばらくしたら大汗かいてやっと到着したんだけど、「あ、原稿を家に忘れてきた！」ってね。

石堂さんは、箱（脚本を書くための構成表のようなもの）を組まないで、ペラ（二〇〇字詰め原稿用紙）に要点だけをチョンチョンと書いて、それで書いていく。

岡山のシナハンには、石堂さんも一緒に行きましたが、吉備津《きびつ》で、牛の鼻ぐり（注七）をジッと見ているんですよ。それで「俺はこれで行く！」と即決でした。その後は一人で山に入って、わらびを一杯取ってきました。野生児ですね。

拙著『怪奇大作戦大全』で、石堂淑朗は「怪談・牛神男」と、自身の作劇法について以下のように証言している。

（注七）
鼻ぐり塚は、吉備津神社近くの福田海本部（寺院）にある塚。家畜として死んだ牛の鼻ぐり（鼻輪）を集めて供養している。

石堂　題材はだいたい僕が出してましたね。『ウルトラマン』で吉備津の牛の鼻ぐりのやつ（『ウルトラマンA／怪談・牛神男』）があったじゃない。ああいったのを何とかこねくり回すのが僕の趣味なんですよ。伝説とか伝承があって、それを題材に発展させていくという方法論ですね。ラフカディオ・ハーンの『むじな』なんて話やりたかったんだけど、駄目だといわれて。そういう話は子供が面白いだろうと思ってやるんだけど。

怪談だよね、つまり。子供は怪談が好きだから。で、自分が怪談みたいなものが好きだったから、それで何とか入れ込んでいるわけでね。僕は子供時代の怪談みたいな遊びがエンターテインメントとして一番残るんじゃないかと思ってますよね。

「黒い蟹の呪い」は今野をフィーチャーしたエピソードだったが、「怪談・牛神男」は吉村にスポットが当たる。

父の法事のため、郷里岡山へ帰る途上の列車で、吉村はヒッピー風の高井という若者（蟹江敬三）と知り合う。聞けば彼も岡山に行くつもりなのだという。

吉村は高井を鼻ぐり塚に案内する。と、高井はうずたかく積まれている鼻ぐりの一つを盗んで、自分の腕にはめてしまう。僧に化けたヤプール（土方弘）はその様子を見ていたが、しめたとばかりに高井に牛の怨霊を取り憑かせ、彼を超獣カウラにしてしまう。

山際　石堂さんは引き出しの多い人です。ですから牛の鼻ぐりの山を見ていて、もう話が出来てしまいました。隊員の家に、変な男が転がり込むという設定は、後で作ればいいわけです。

吉村の実家は小さな化粧品店を営んでいて、そこはタイアップ先のオリーブマノンの特約店である（脚本で指定してある）。このように、石堂はタイアップ先への気配りも十分で、牛窓町（現・瀬戸内市）のオリーブ園とローマの丘をたっぷり見せ、なんとオリーブマノン化粧品社長（守田比呂也）まで登場させている。しかもクライマックスは、カウラがオリーブオイルのタンクを狙い、牛窓を火の海にしようとする。

「怪談・牛神男」はアニミズムの権化、石堂淑朗のタッチが冴えまくるエピソードで、鼻ぐりを盗んだ男が徐々に牛に変化していく様が見もの。極端な話、ストーリーはそれだけなのだが、言わば一発ネタで視聴者をグイグイ引っ張っていく腕力が、石堂淑朗の筆にはある。しかし本作を本作たらしめているのは、やはり蟹江敬三の怪演だろう。

山際　鼻ぐりの話は、蟹江敬三さんに救われました。彼は石橋蓮司さんと一緒に劇団（現代人劇場、櫻社）をやっていて、当時、変わった役を頼むときは大体この二人でした。僕は蟹江さんの芝居を見て、彼のことを気に入っていたんで、僕の作品に三回くらい来てもらいました。『ウルトラマンレオ』では、宇宙人でしたね（注八）。

蟹江さんが、佐野光洋さんの吉村隊員の家の蚊帳で寝ている。佐野さんが起こそうとしてもなかなか起きない。そのままグーグー寝ていると、いつの間にか手に毛が生えてきて、だんだ

（注八）
第五〇話「レオの命よ！キングの奇跡！」。こちらの脚本も石堂淑朗だった。

ん牛になっていく。

あれは牛の顔と両手だけをロケに持っていきました。それを蟹江さんに着せて、吉備津神社の境内で撮影しました。観光客がズラッと並んで見ている中を、蟹江さんがフーフー息をしながら四つん這いになって走るんです。撮影の後、蟹江さんに「今まで散々ロケをしてきたけれども、こんなに恥ずかしいロケは初めてです」って言われましたよ。ですから「ご苦労様」と、彼の労をねぎらいました。


〝夏の怪奇シリーズ〟「黒い蟹の呪い」「怪談・牛神男」の視聴率は十八．三％と十八．〇％。この時期の『ウルトラマンA』としては、標準的な数字だった。

夏の怪奇シリーズ・二

東京地方の学校は、七月の後半から夏休みに入る。するとセッツ・イン・ユース（視聴者や聴取者が、放送を受信している割合）が下がってしまう。熊谷健が〝夏の怪奇シリーズ〟を提案したのは、夏休み期間中の視聴率低下を回避する目玉企画が必要だったからだ。

七二年当時、東京地方の夏休みは七月二一日から八月三一日というのが一般的だった。「怪談・牛神男」の放送は七月二一日だが、十八％の視聴率を保ったのは、まだ休みに入ったばかりで、家族で出かけるタイミングではない。つまりセッツ・イン・ユースが低下する心配がなかったためだろう。

しかし案の定、翌週からの視聴率は下落してしまう。以下列記しよう。第十七話「怪談ほたるヶ原の鬼女」(七月二八日)十四．七%、第十八話「鳩を返せ！」(八月四日)十四．三%、第十九話「河童屋敷の謎」(八月十一日)十六．一%、第二〇話「青春の星ふたりの星」(八月十八日)十五．三%、第二一話「天女の幻を見た！」(八月二五日)十五．六%。

しかしこの時期は、傑作、佳作が続出したのも事実だ。

真船禎監督作品である「怪談ほたるヶ原の鬼女」と「鳩を返せ！」は、この時期を代表するエピソードである。脚本は、それぞれ上原正三、田口成光。ともに得意の題材で高密度なドラマを提供した。

「怪談ほたるヶ原の鬼女」は、上原が作家として目覚めた『怪奇大作戦』に通じる怪奇性に、氏が脚本を手がけた『ウルトラセブン』第二八話「700キロを突っ走れ！」のスパイナー運搬作戦、『帰ってきたウルトラマン』第三七話「ウルトラマン夕陽に死す」のサターンZ輸送任務を加味した意欲作である。

深夜のほたるヶ原のバイパスで、謎の交通事故が頻発していた。しかも恐ろしいことに、運転者や同乗者の死体は白骨化していたのだ。そして暗闇で乱舞するホタルの群れの中に、白装束の鬼女の姿があった。

この頃TACは、超獣攻撃用大型ミサイル、タックV7を開発中だった。このバイパスは、本部とTAC霞峠工場を結ぶ道路であることから事故を重視し、現地の調査を開始する。

南は事故現場で車椅子の少女、民子と知り合う。民子の父によると、彼女が交通事故に遭ったのは五年前。以来、歩行練習のため、事故現場が見下ろせる丘に出かけているのだという。

「怪談 ほたるヶ原の鬼女」には、決定稿と最終稿が存在する。決定稿の出だしはほたるヶ原のバイパスで、若い男女が事故に遭うシーンから始まる。最終稿では、民子の部屋に巨大な螢（ホタルンガ）が現れ、ヤプールが彼女に話しかける。民子は、母親に会わせてやるというヤプールの言葉に操られ、ホタルンガとともに部屋を出る。冒頭のシーンで流れるBGMは、民子の歌う不思議な童謡を、再生スピードを下げて使用している。この歌は劇中の要所で使用され、怪奇ムードを高める効果を上げていた。

このシーンをトップに持ってきたのは、明らかに真船の指示であろう。真船はテレビドラマの脚本構成について拙著『帰ってきたウルトラマン大全』のインタビューでこう語っている。引用したのは、第三〇話「呪いの骨神 オクスター」（脚本・石堂淑朗）と第三一話「悪魔と天使の間に……」（脚本・市川森一）の違いに触れた部分だ。

真船　石堂さんのホンは実にオーソドックスですね。テレビというのは〝序破急〟というのの〝破〟から始まるんだというのが僕の持論なんです。市川さんのホンは、ド頭から、少年が来たら目がパッと光って、もう何かあるぞと、挑戦が始まってる。〝破〟から来ちゃってるんです。これは映画エイジとテレビエイジの違いなんですよ。

このように「怪談 ほたるヶ原の鬼女」のオープニングは、真船の持論に沿って、〝破〟から始まるように変更されたのだ。

ついにV7が完成した。北斗と南は輸送作戦の前に、事故が起こる午前二時に現場をタックパンサーで走ってみることにした。間もなく午前二時という頃、二人の前に白装束の鬼女が現れ、大量の螢が襲ってきた。

南が鬼女を追っていくと民子の家にたどり着く。そこでは民子があの童謡を歌いながら、虫かごの中の巨大な螢に甘い水を与えていた。民子はその螢をホタルンガと呼んだ。南は民子に同情し、彼女の家に泊まることにする。

看護師であった彼女の心優しいキャラクターが活かされた展開だ。南は民子と交流を続けるうち、彼女がヤプールではないかと疑い始める。

真船　『ウルトラマンA』でショックを受けたホンは「怪談 ほたるヶ原の鬼女」と「鳩を返せ！」です。どちらも子供向けじゃなくて、完全なドラマでした。

ホタルンガの方は、足に障害のある子供がヤプールに乗り移られます。こんなアイディア、今のテレビでやろうとしたら大変です。上原さんは、差別が何かをハッキリ理解している方です。その上でこういうホンを書いてきたんですね。

南夕子は車椅子の少女が宇宙人（ヤプール）で、本当は歩けるんじゃないかと思い始める。

そこで少女をリハビリに連れて行くんですが、坂で車椅子を手放す。すると車椅子が倒れて少女が地面に投げ出される。南は「ごめんなさい」と謝るんですが、それでは済まないですよね。ここは、ある意味ウルトラマンに対する批判にもなっているんです。こんなことを、ウルトラマンに変身するヒロインがやっていいのかと。でも、上原さんが、ウルトラマンが汚名をかぶっても、宇宙人の正体を暴くために、このシーンを書いたことに感動しました。

「怪談 ほたるヶ原の鬼女」は南夕子を主役にした数少ないエピソードで、シリーズの傑作である。彼女をフィーチャーしたエピソードがもう少し多ければ、『ウルトラマンA』という番組の特色をもっと出せたのかもしれないと考えると、実に残念だ。

「鳩を返せ！」は、少年と彼が飼う鳩の悲しい別れを描く衝撃作。

定期パトロール中の北斗と南は、鳩を持った三郎という少年と知り合う。三郎の鳩、小次郎は、国内レースで三度も優勝した優秀な伝書鳩だった。しかし、母親が小次郎を飼うことに強く反対し、家の外で飼わなければならなくなってしまったという。

その頃、TACでは無人飛行機の開発を進めていた。完成すれば、人間が行けない場所でも、簡単に観測出来るようになる。だが、梶は回収機能にもう少し改良が必要だと言う。そこで北斗は鳩の帰巣本能を使えばいいと提案する。北斗のアイディアは採用され、鳩の習性を詳しく調べるため、小次郎が実験に使われることになった。

しかし、それを知ったヤプールは、小次郎を奪い、その脳を超獣ブラックピジョンに移植、帰巣本能を利用してＴＡＣ基地を攻撃しようと企む。

真船　最後に鳩は死んでしまうんです。普通、子供向けの番組だったら、死んだと思ったら鳩が目を開けて万々歳というラストですよね。そういう甘い設定をひっくり返す企画力、脚本の力に、局と円谷プロの姿勢を感じましたね。

上原正三、田口成光の力作に出会った真船は、『ウルトラマンＡ』ならば、かねてから温めていた企画を実現出来るのではないかと考え始めた。そしてみずから脚本を執筆し、プロデューサーに提出したのである。そしてそれは「逆転！ゾフィ只今参上」としてブラウン管に登場することになる。

そしてまた、一人が去った

第十九話「河童屋敷の謎」、第二〇話「青春の星 ふたりの星」は、筧正典監督の二本持ち。「河童屋敷の謎」では、頭がプールになっている超獣キングカッパーが登場、そこで泳いだ子供達のヘソを奪ってしまう。どこやら水木しげるの妖怪を思わせるデザインがユニークだ。「鳩を返せ！」と放送順を入れ換え、〝夏の怪奇シリーズ〟第四弾にしても差し支えのない内容である。脚本は松竹出身の斎藤正夫で、『ウルトラマンA』では他に第二五話「ピラミッドは超獣の巣だ！」(注一)も担当している。

「青春の星 ふたりの星」は、北斗と篠田一郎、二人の若者の青春を描く好編だ。脚本は田口成光。

ある夜、北斗は定期パトロールで、駿河湾上空を飛んでいた。すると北極星の方角に異変が起き、そこから大型客船が飛び出してきた。北斗は本部に連絡するが、TACのレーダーにはアローの他、何も映っていなかった。そして船は、何事もなかったかのように沼津の海に着水した。

竜隊長は北斗が疲れていると感じ、夏休みを取るように命ずる。北斗はそれを受けて単身沼津へ向かい、飛んでいた船がスカンジナビア号であると確認する(注二)。旗竿には昨夜見た柄の旗が掲げられている。北斗が確認のため旗を降ろすと、一人の青年が飛び出して彼を突き飛ばし、これは自分の旗だと言う。

「この船が動くとき、俺の旗を掲げて出発するんだ」

青年の名は篠田一郎。スカンジナビア号は今、錨鎖で係留されホテルとして利用されているが、いつか船出する日を夢見て、二年間、機械室で働いているのだった。

篠田一郎、脚本では篠田三郎であり、この役が当て書き(演者を想定して書くこと)であることがわかる。そして田口は彼の台詞で、当時下火になりつつあった学生運動を批判している。

(注一)
タイトルバックでは、「ピラミットは超獣の巣だ！」と表記されている。

(注二)
ロケ地として使用されたスカンジナビア号は、一九二七年スウェーデンで進水したクルーズ船。第二次大戦中はドイツ軍に接収された。七〇年、沼津でホテルとして営業開始。ホテルとしての営業終了後、スウェーデン企業に売却されたが、二〇〇六年、曳航される途中、和歌山県潮岬沖で老朽化のため沈没した。

「俺が大学を飛び出してきた気持ちが……、あんたなんかにはわかるもんか……。自由だ！解放だ！……みんな勝手なことばかりやりやがって、真実なんてどこにもありゃしない……。一体何を信じたらいいんだ、俺達は……（海に叫ぶ）馬鹿野郎！」

六〇年代後半から、学生運動は先鋭的になり、七〇年代に入ると分派同士の対立、いわゆる内ゲバが横行するようになる。六八年から七三年までの五年間で、内ゲバの発生件数は一〇二三を数え、十人もの死者を出したという（注三）。

時代は学生運動を支持しない方向に向かいつつあった。篠田は学生運動に明け暮れる彼らに嫌気が差し、本当の自分を見つけるための船出を夢見ていたのだ。

「俺は一年前ここに来て……、鎖でつながれた船を見たとき……この船もいつかはきっと動くときがあると思った！……俺はこの船が動く瞬間に賭けたんだ！……その瞬間だけは、絶対に真実だ！……その日を信じて、俺はここにいるんだ」

その言葉を受け、北斗が答える。

「……その気持ちは、俺にもわかるような気がする」

そのとき、本部から無線通信が入り、北斗は異常なしと答える。すると本部の美川は「こちらも今のところ無事平穏よ」と返す。

「無事平穏か……。あんたにはやっぱり俺の気持ちはわからないよ」

「なぜ？」

「篠田一郎……、俺は今……、誰にも邪魔されず……俺の全てを賭けるものを見つけたか

（注三）『昭和48年 警察白書』より。

らさ」

夜、北斗はスカンジナビア号を散策して、航海日誌を見つける。読んでみると、この船の最後の航海は今から三年前、北斗がちょうどTACに入隊した頃だった。

「あいつが言うように……、俺もこの船もその日から鎖につながれて……、自由を失ってしまったんだろうか?」

これはもはやヒーローの台詞ではない。会社に慣れたはいいが、ふとした瞬間、自分の生き方に疑問を持つ。そういったニュアンスの台詞である。

ここで二人の青春の違いが明白となる。TACに青春の全てを捧げ、それが今終わろうとしている北斗、未来を見つめ、青春の真っ直中を駆け抜けようとしている篠田。スカンジナビア号という船を舞台に、二人の青春が交叉する。

ドラマは中盤から急展開する。北斗が、スカンジナビア号が宇宙にいたという証拠を見つけると、ヤプールは超獣ゼミストラーを出現させる。船を宇宙に飛ばしていたのは、ゼミストラーの仕業だったのだ。篠田はスカンジナビア号を守るため、船を縛っている鎖をダイナマイトで切ろうとする。

橋本　篠田三郎が出たのは、次回作へのテストケースでした。というのも、『帰ってきたウルトラマン』ほど数字を取れていませんでしたから、TBSの中でも『ウルトラマンA』は行き詰まっているという話があったんです。

このままだと次のシリーズにつながらないだろうから、僕は新しい手として、ウルトラのヒーローに篠田三郎を考えました。彼を起用することに関しては、賛成の声が多かったんですよ。

篠田の決死の努力で、鎖は切れ、船は動き始めた。そしてゼミストラーはメタリウム光線で倒されるのだった。

事件が終わり、篠田は北斗に語る。

「俺、船を降りるんだ……俺は気がついたんだ……。待っていても船は動かない。自分で動かそうとしなきゃいけなかったんだってな」

篠田は大学へ戻ると言い、北斗に別れを告げる。

篠田一郎というキャラクターは、世界中を旅して歩いた自由人の東《ひがし》光太郎のプロトタイプと言っていいだろう。大学を出た篠田は、その後、世界に向かって飛び出して行ったのかもしれない。そして北斗に背を向けて歩き去る篠田は、『ウルトラマンタロウ』の最終回「さらばタロウよ！ウルトラの母よ！」のラスト、銀座の雑踏の中に消えていく東光太郎の姿にダブって見えた。

このように『ウルトラマンA』のフォーマットで、青春ものを作るという試みはユニークで、一応の成功を収めている。しかしドラマのウェイトが青春ものに傾きすぎているため、SF部分はなおざりにされている。ゼミストラーがなぜスカンジナビア号を飛ばしたのか、ヤプールの狙いは何だったのか、どちらも全く描かれていないのだ。

ゼミストラーが自然発生的に誕生した超獣（あるいは怪獣）ならば、何らかの生理現象、あるいはただの悪戯《いたずら》で済んでしまうだろうが、ヤプールが背後にいる限り、何らかの出現理由が必要になる。ドラマのテーマがヤプールの作戦と接点がない本エピソードのような場合、ドラマ部分とSF部分が乖離してしまうのだ。ヤプールの存在が、番組にとって枷《かせ》となりつつあったことが、ここで露呈してしまったと言える。

第二一話「天女の幻を見た！」と第二二話「復讐鬼ヤプール」は山際永三の二本持ち。脚本はそれぞれ石堂淑朗、上原正三である。

竜隊長は、ある日、虹色の輝く空一杯に舞い踊る天女の夢を見た。目が覚めるとドアがノックされる。ドアを開けると、若い女性が立っていて、お手伝いとして雇って欲しいと言う。しかも彼女は、夢に出てきた天女そっくりだった。しかし竜は、彼女がＴＡＣ隊長という自分の仕事と、秘密のはずの住まいを知っていたことから、申し出を断る。

彼女はその後、大野信一という青年と知り合い、その家のお手伝いとして働くことになる。だが彼女の正体は、爆発した乙女座の精アプラサだった。彼女はヤプールに助けられていた。ヤプールはアプラサを操り、超獣アプラサールを出現させた。

山際　『ウルトラマンＡ』は、誰かが言っていたけれども、隊員達が女性を好きになったりするという、女性がらみの話が多いですね。天女の話では、竜隊長がひどい目に遭います。

天女を演じたのは、三景順子さんです。劇団フジの新人で、あまり経験はなかったんですが、美人で天女のイメージにピッタリなので採用したんです（注四）。天女を好きになってしまう男は松坂雅治さんですね。ちょっとした二枚目で、時々出てもらっていました。

これは石堂さんのホンでしたが、僕はこういう話が好きで乗っちゃうんですよね。

「天女の幻を見た！」「復讐鬼ヤプール」で特筆すべきは、特殊技術で川北紘一がデビューしたことだ。合成カットへのこだわり、戦闘機越しの敵など、川北特撮の特徴が、デビュー作ですでに現れているところが興味深い。

川北は七六年、『大空のサムライ』の特技監督（クレジットは特殊技術）を担当、フロントプロジェクション（注五）やラジコン機の使用といった斬新な特技演出で注目を浴びる。以後、日本で初めてモーションコントロールカメラを導入した『さよならジュピター』（八四年）、〝史上初の実写巨大ロボットムービー〟と謳われた『ガンヘッド』（八九年）などの特技監督を手がけ、『ゴジラVSビオランテ』（同年）でゴジラ映画の特技監督を初担当、以降の〝平成ゴジラシリーズ〟をヒットさせ、七〇年代後半から九〇年代の日本特撮を牽引していった（注六）。

『川北紘一　特撮魂 東宝特撮奮戦記』（川北紘一著、洋泉社刊）で、川北は『ウルトラマンA』について「ひとことでいえば勉強の場だったな、ウルトラマンAは。いままで東宝でやってきたこと……怪獣シリーズだとか戦争シリーズとかの集大成だよ。ほら、飛行機もあるし、

（注四）
本作でデビュー後、瞳順子と改名し、主に時代劇で活躍した。

（注五）
スクリーンプロセスの一種。スクリーンの後ろから背景を投影するリアプロジェクションと違い、前から行うのが特徴。

（注六）
『大空のサムライ』監督・丸山誠治。
『さよならジュピター』監督・橋本幸治。
『ガンヘッド』監督・原田眞人。
『ゴジラVSビオランテ』監督・大森一樹。

怪獣もあるし、ロボットもあるし、なんでもありの世界だから。いろんなことができる。実験の場でもあったね」と語っている。

続く「復讐鬼ヤプール」は、一人の男が隕石に乗って地球へやって来るところから始まる。男はヤプールで、最後の手段に出ようとしていた。男は宇宙仮面に変身すると、闇の中に消えた。

TAC基地に現れて逃走した宇宙仮面を山中と美川が追うが、敵の念力でタックパンサーは崖下に転落してしまった。美川は負傷するが、彫刻の勉強をしている坂井次郎という青年（富川澈夫）に助けられる。

一週間後、坂井の姿は幼稚園の広場にあった。子供達に頼まれて、超獣の像を作っているのだという。だがそれは、本物の超獣ブラックサタンだったのだ。

第四話「3億年超獣出現！」に続き、ヤプールは美川隊員に目を付ける。しかし美川は、久里虫太郎と違い、坂井に好意を抱くという設定。坂井の正体は宇宙仮面なのだから、美川はとんでもない男を好きになったものである。

なお、この「復讐鬼ヤプール」をもって、上原正三は『ウルトラマンA』を降板している。

橋本　上原さんは、『ウルトラマンA』には「なかなか難しいですねえ」と、あまり積極的に参加しませんでしたね。熊ちゃんとも本当の意味で仲がよかったかというと、二人の呼吸はいまひとつ合っていなかった。『帰ってきたウルトラマン』の十三話、十四話のときは違いますよ。

あれは番組の正念場ということで、二人の向かう先がピッタリ一致していましたから。

番組降板について上原は、『KODANSHA Official File Magazine ULTRAMAN VOL.4』のインタビューで、以下のように証言している。

――『ウルトラマンA』に出てくる侵略者、異次元人ヤプールというのは悪魔ですよね。人間というのはアダムの肋骨から女性が生まれているから、完全な人間というのは、男女が合体しなければならない、という発想。

上原　彼（引用者注・市川森一）はクリスチャンだから、きっとそうだと思う。ただ僕は宗教的なものは疎いからね。だからわけが分からなくなったね。

――第1話が市川さん、第2話が上原さん、第3話が田口（成光）さんなんですけれども、それぞれのヤプール像とか、『ウルトラマンA』の世界観が違います。

上原　それはそうだよ。やっぱり市川森一がメインだから、彼の作劇、テーマというものに沿いたいと思うんだけど、どうしてもそういうところがね。なんで男女合体でウルトラマンなのか、そのなかでAに変身する星司と夕子はどうなってるの？　っていうのが、僕の中で見えなくなって駄目でしたね。キリスト教的世界観を消化できなかったよね。本当に『ウルトラマンA』は苦しかった。だからあまり書いていないでしょう。

市川森一に続き、彼の盟友であった上原正三も番組を去った。そして『ウルトラマンA』には、この後さらに大きな変化が訪れるのである。

本エピソードは冒頭、「ヤプールも遂に最後の手段に出た。今、一人のヤプールが地球侵略のため、送り込まれてきたのだ」という不思議なナレーションが流れる。〝最後の手段〟はむしろ次回「逆転！ ゾフィ只今参上」にふさわしく、違和感を覚える。これは穿った見方なのだが、上原は自分の最後の作品という意味で、あえて〝最後の手段〟と書き込んだのかもしれない。

洗脳される子供たち

第二三話「逆転！ ゾフィ只今参上」は、真船禎が脚本、監督を兼任した『ウルトラマンA』最大の異色作であり、傑作である。

真船が本作を執筆した動機は、自身が小学生の時に受けた戦時教育の傷痕にある。

真船　「怪談　ほたるヶ原の鬼女」と「鳩を返せ！」がショックで、僕の小学生の頃からのトラウマをドラマにしたいと思ったんです。それは洗脳、マインドコントロールです。

　僕が小学生の頃は、日本は太平洋戦争の真っ直中で、鬼畜米英と教わりました。つまりアメリカ人やイギリス人は鬼であり、畜生だったわけです。

　先生は僕達に言うわけです。「奴らは鬼で畜生だから身体も大きい。奴らに〝天皇陛下万歳！〟と叫んで突っ込んで行け。お前達は小学生で身体が小さいから、竹槍が奴らの男の急所に刺さる。しかしその後は、頭を叩かれて死ぬ。その時〝天皇陛下万歳！〟と言って死ね」と。ナイフなんかないから、僕達は河原の石で竹槍を研ぐんです。それを持たされて「天皇陛下万歳！」と叫んで、わら人形に突っ込む教練をしていました。

　その後、僕は新潟に疎開しました。日本が戦争に負けて、一旦東京へ帰ってきた時、その同じ先生が今度はこんなことを言うわけです。「アメリカ人はいい人達。アメリカには、歩行者は左側を歩けという決まりがある。だから右側を歩いたら罰せられるけれども、アメリカ人はいい人達なんだ」と。昨日までの鬼畜米英はどこかに行ってしまったわけですよ。

　これが僕の小学校の時に起きた。僕はこれで大人を信じるのが嫌になりました。それ以降、先生の言うことには何でも疑問を持つようになりました。それで付いた渾名が〝しかし先生〟。ムキになって先生に噛みついたわけです。

　僕達は、戦時教育というマインドコントロールを受けていたんですね。それをドラマにしようと、色んな形であちこちに企画を出していたんですが、全く通りませんでした。でも「怪談ほたるヶ原の鬼女」や「鳩を返せ！」がやれるんだったら、『ウルトラマンA』では企画が通るんじゃないかと思ったわけです。

真船が企画したマインドコントロールもので、一本だけ現存する資料がある。それは橋本洋二がプロデューサーだった『怪奇大作戦』に提出された「誘拐」という前後編の脚本である（注一）。本作は、貴重な資料であるとともに、「逆転！ゾフィ只今参上」の内容にも密接に関係することから、少々長くなるが詳細なストーリーを紹介する。

村田博士が発明した自動車運転装置、カー・ドライビング・セフティ、通称ＣＤＳが導入された御陰で、日本は八ヶ月間無事故という驚異的な記録に達していた。コンピュータの発達には目を見張るものがあった。ＳＲＩにもコンピュータが導入され、さおりは銀座のコーヒー店から、美味しいコーヒーの淹れ方のデータを買ってきて、みんなに提供する始末。

一見平和そうな日本だが、その頃、高校生の誘拐事件が続発していた。今日までに二一人が誘拐され、犯人は手掛かり一つ残していなかった。奇妙なことと言えば、誘拐された一人の三郎が、五〇〇メートル競泳で、高校生としては信じられないタイムを記録していたことぐらいだった。奇妙なことはもう一つ、被害者は運動選手が多いものの、一方では一年の半分も学校を休んでいる、身体の弱い生徒もいることだった。

（注一）手書き脚本の表紙では、「誘拐 前篇」「誘拐 後篇」の表記。

また一人、高校生が誘拐される。被害者は今回も高校二年生で、大下信二という名前であった。しかし幸運なことに、今回は事件の目撃者が存在した。

三沢が被害者の家に行くと、町田警部と被害者の母、そして目撃者の少年、田代進がいた。進はクラスの授業が休講だったので、信二に頼まれて、新宿の紀伊國屋まで本を買いに行っていた。そして二人は京王線千歳烏山《ちとせからすやま》駅で待ち合わせたという。だが、進が呼んでも信二は返事をせず、本を受け取ろうともしなかった。ただ黙って空を見つめ、身体を左右に振りながら、恐ろしい速さで歩き去ってしまった。いくら頑張って走っても、信二に追いつくことが出来なかった。まるで、夢の中で追いかけているみたいだったと、進は三沢に言う。これはあり得ない出来事だった。なぜならば信二は、小学校五年のとき、交通事故に遭い、左足が不自由になっていたからだ。

信二の部屋は、分厚いカーテンでしっかり遮光されていて、昼でも電気を点けなければならないほどだった。そしてまるで研究室のような部屋の本棚には、村田博士の著作が目立った。部屋には奇妙な機械も置いてあったが、母親はそれを、夢を作る装置と言った。今のところは、プラグを枕の下か、直接頭に付けなければならないが、将来的には、遠隔操作で電磁波を送れるようになると、信二は母親に語っていたようだ。

ジャイロ（注二）で上空から捜査していた野村から、自宅近辺で失神して倒れている信二を警察犬が発見したとの連絡が、ＳＲＩ本部に入った。牧、三沢は信二が搬送された救急病院で野村と合流し、信二の様子を聞いた。野村によると、信二は三日三晩山を歩き続けたくら

（注二）
『怪奇大作戦』には登場しないメカ。ＳＲＩの屋上から飛び立つ設定。

い体力が消耗しており、いまだ意識が回復しないという。だが、信二が発見されたのは、自宅から五〇〇メートルほどしか離れていない場所だったのだ。

信二は催眠術で誘導されたのではないかと、牧はひらめく。もし特殊な電波で、直接脳細胞に命令を伝えることが出来れば、どんな場所からも遠隔操作が可能である。そして今回の誘拐は、若い健康な肉体と、優れた頭脳を必要とする誰かが、少年達を集めているのではないかと、牧はSRIの会議室で、自分の推理を発表する。的矢は、信二が目的地にたどり着けなかったのは、目撃者の存在を犯人が知ったためではないかと言う。

その頃、村田研究所では、村田博士が、集められた二一人の少年達の前で話している。少年達は、頭脳派は黒シャツに黒タイツ、運動派は白シャツに白タイツのコスチュームで身を包んでおり、精神はコントロールされているようだ。村田は言う。彼の発明した特殊電波をキャッチすることが出来る者は、おそらく千人に一人もいない。ここに集まった少年達は、優秀な脳細胞を持った選ばれし者なのだと。そして村田はある計画を持っていた。

その頃、牧は失踪した少年達の共通点を発見していた。彼らの血液型はO型かAB型で、例外はなかった。牧は、誘拐犯人は健全な肉体に優秀な頭脳を移植しようとしているのではないかと考え、一冊の本を的矢に見せる。〝脳細胞交換の諸条件〟というタイトルの本の著者は、村田博士だったのである。（前編終わり）

SRIの会議室で、町田はそれだけの資料で、事件と村田博士を結びつけるのは、少し乱暴すぎると言う。しかし牧は、CDSと今回の誘拐の方法が、原理的に一致していると説明する。

また誘拐事件が発生した。今度の被害者は田所一夫という高校三年生だった。同じ頃、被害者の一人、中山三郎の家には、彼の肉声の入ったテープが送られていた。三郎は、四年後のオリンピック出場を目指している百メートル走のスプリンターだった。録音テープは、今度のことは誘拐ではなく、自分の意思で家を出たこと、人類の輝かしい未来のために、自分が必要とされていること、今度家族に会う時は、生まれ変わった自分をお目にかけることが出来るという内容だった。三郎の父は町田に、声は三郎に間違いないが、息子はどちらかと言えばはにかみ屋で、使っている言葉が彼らしくないと言う。

実はこうした録音テープは、被害者の家全てに届けられていた。それは何者かが、郵便受けに放り込んだものだったが、一人の目撃者もなく、二二人の被害者が皆、同じような言葉を喋っていた。牧は音声を音波心電切替装置にかけてみたが、それらは誰にも強要されず、自発的に吹き込んだテープだということがわかった。

村田博士が事件の黒幕という決定的証拠はなかったが、このまま手をこまねいていては脳移植が行われてしまう。的矢は三沢と野村に、村田博士と被害者宅の様子を見るよう指示する。また牧には特殊電波の秘密を暴くこと、小川さおりには、町田警部に連絡して、機動隊の出動準備を要請するよう指示する。

村田研究所に忍び込んだ三沢と野村は、巨大なメトロノームと色とりどりな光線で、白チームと黒チームの少年達が操られている様子を目撃する。村田は少年達に、ここにいる二二人は個人としての能力の限界を手に入れたことを、コンピュータが確認したと告げる。あとは頭脳を移植する計画を実行に移すのみとなった。

その頃牧は、村田研究所の地下室で、配電盤に巡らされている配線をチェックしていた。村田博士の説明は続く。自分はCDSを発明したが、その結果、人間は怠惰になってしまった。そしてコンピュータの発達は留まるところを知らず、やがては機械が人間を支配する時代が来ると村田は予想していた。彼が少年達を改造するのは、人間が機械より進歩し、機械の意思を封じるためだったのだ。マインドコントロールされた少年達は、村田の考えを全て理解している。彼らはこの後、零下三五〇度（脚本での表記）で一旦仮死状態にされ、その間に手術が行われるのである。

少年達が隊列を組んで冷凍室に行こうとした時、隠れていた三沢と野村が現れて止めようとする。しかしマインドコントロールされた少年達は、二人の言うことを聞かず、野村が村田博士を逮捕しようとすると、白チームは博士を守って空手のポーズを取り、黒チームは殺人光線銃を手にする。三沢は野村に非常通信用の3Xを発信するよう指示、それをキャッチしたSRIは、二人に連絡を取ろうとするが、研究所は強力な妨害電波に包まれていて出来ない。もはや警視庁の出番であった。SRIから要請を受けた警視庁は、村田研究所に向かって白バイ隊、パトカーを出動させる。

少年達は新たな人類として生まれ変わることを誇りに思っているが、彼らの言葉は明らかに彼らの考えではなく、村田が自身の望む方向に歪めてしまったものだった。村田は三沢と野村に、人間は征服される、現に毎晩、自分の作った機械が自分に喰い込んでくると叫ぶ。村田は完全に正気を失っているのだ。

そこへ町田達が飛び込んでくる。町田は村田を逮捕しようとするが、村田はそんなことをしたらCDSを切るという。今、CDSを切ってしまったら、日本中で交通事故が起きてしまう！　勝ち誇る村田。だが、そこに牧が現れ、CDSのスイッチを切れという。村田がためらっていると、代わりに牧がスイッチを切った。と、巨大なメトロノームが鳴り出したではないか。牧はCDSを配線し直し、博士が手にしたスイッチを、メトロノームに直結したのだった。

三沢と野村は、SRIジャケットを羽織り、少年達に飛びかかる。黒チームの少年達は、光線銃で応戦する。町田は村田に手錠をかけるが、博士は抵抗し、手錠のまま手を振り上げた。一条の光線がその手錠に命中し、物凄い火花が散る。辺りは真っ暗となり、青白い閃光のみが見える。その中で村田は、まるで溶鉱炉の鉄のように真っ赤にただれて溶けていく。

明かりが点くと、少年達は全員倒れている。やがて少年達は、ゆっくりと起き上がり、無表情のまま、部屋を出て行った。村田の死で、彼らを統一していた博士のテレパシーが切れたのである。

黒と白の衣装をまとった少年達が向かうところ、それは彼らの家である。

以上が「誘拐」のストーリーであるが、「逆転！　ゾフィ只今参上」と、連れ去られる子供達、洗脳という二つのキーワードで結びついている。真船がこの脚本を書いたきっかけは、これからはコンピュータが台頭し、人間を支配する時代になるだろうと考えたからだ。そして七〇年前後に日本を騒がせていた左翼運動の後には、右翼が台頭してくると考えていた。それはまさに現在の日本の姿であるのだが。

「逆転！ ゾフィ只今参上」はこうして始まる。

日本のあちこちに謎の老人が現れ、奇妙な歌（注三）を歌って、子供達を連れ去っていく。

「この異常な流行は、またたく間に日本全国を覆った。日本中の子供達が、この歌を歌い、この踊りに夢中になった。老人はどこにでも現れ、同じ服装、同じ杖を持って……、果たして、一人の人間なのか？ それとも似たような多くの老人達なのか？ それは……」（ナレーション）

謎の老人を演じたのは大木正司。俳優座養成所の第七期生で、同期に田中邦衛、露口茂、山本學らがいる。映画では岡本喜八作品の常連である。老人を演じた大木は、この時三五歳だった。

老人が連れて行った子供達を、北斗が崖の上から双眼鏡で観察している。砂浜では、老人が子供達に言う。

「海は青いか？」

「青い！」

「違う！ 海は真っ黄色だ！ 見よ！」

（注三）ハナ肇とクレージーキャッツの『学生節』の替え歌。

老人の杖が海を指すと、子供達の目の前で海が真っ黄色に変わっていく。

「山は緑か？」

「緑だ！」

「違う！ 山は茶色だ！ 見よ！」

老人は、子供達をマインドコントロールして、真実を見えなくしているのだ。そして少年達は砂浜から忽然と消えてしまう。北斗は慌てて崖を降りる。すると真夏だというのに雪が降り出して、獣の顔に変化した老人が、火を吹いて北斗を襲った。北斗は崖から落ちて負傷してしまう。

北斗がいたのはXYZ地点。だが地図上では、崖の下に砂浜などなかった。すると北斗が見たのは何だったのか？

TAC本部で、自分が遭遇した出来事を説明する北斗、しかし誰も彼を信じない。画面は追い詰められた北斗が、隊員達に訴える必死の姿を、手持ちのカメラで延々と追う。真船らしいダイナミックなカメラワークである。

真船　「逆転！ ゾフィ只今参上」（注四）では、ヤプールが子供達を洗脳して連れて行くのをやりたかったんですよ。砂浜で、老人が子供達に言ったことが本当になる。老人が恐いから、あるいは老人に忖度したからじゃないんです。子供達には、本当にそう見えてしまう。これが洗脳なんです。恐ろしい洗脳を、ウルトラマンの世界なので宇宙人が子供達にやってしまうわけ

（注四）決定稿のタイトルは「セブンよ異時元（原文ママ）へ飛べ！」。南を異次元に送るのはウルトラセブンの役目だった。

です。

洗脳はオウム真理教も、独裁国家もやっています。独裁者の心には、みんなヤプールが住んでいるんですよ。今はテレビがみんなを洗脳しています。昔、大島渚さんが「テレビは独裁者だ」と言ったらしいですね。それを聞いた時は、何を言っているんだ、と思ったんですが、今はまさにそうなってしまった。大島さんは、見抜いていたんですね。あるいはテレビの電波がヤプールなのかもしれません。今やるんだったらそれをドラマにしますね。

隊員達は、XYZ地点を調査するが、やはり崖の下に砂浜はなかった。

「しかし、北斗の見たものは、本当に夢だったのか？　いいや、決してそうではない。しかも、この事件は日本だけに留まらなかった。世界中の子供が、一瞬にして姿を消すという、想像もつかない恐ろしい事件であった」（ナレーション）

ついに竜隊長の甥も、海が黄色いという謎の言葉を残して姿を消した。そして子供達が姿を消すと、夜空の星が増えていった。竜隊長は、これはこの世の出来事ではなく、異次元の出来事なのだと言う。このままでは、地球上の子供達は、皆異次元に連れて行かれて、一人もいなくなるだろう。子供達を助けるには誰かが異次元に行かなければならない。

北斗は梶が発明した次元転移装置を使って、異次元に向かう。その後、ゾフィーが現れて南を異次元に運び、二人は合体して、巨大ヤプールを倒すが……。

真船　僕はお粗末なビルのミニチュアを怪獣がバシンバシンと壊すのが嫌いなんです。ですから、何もない異次元でエースが戦うことにしました。
　これを特撮でどうやるのかと思ったんですが、高野（宏一）さんの特撮は凄かった。エースと巨大ヤプールの戦いは、黒バックなんですが、それに多重合成をかけて素晴らしい画《え》作りをしてくれました。

本作と次作、第二四話「見よ！　真夜中の大変身」をもって、ヤプールの姿は一旦シリーズから消える。だがヤプールを消してしまうことは、プロデューサーサイドの考えではなく、真船の独断だったという。

真船　僕が勝手にヤプールを殺してしまったんですよ。TBSのロビーで橋本さん、熊谷さんと打ち合わせしたんですが、橋本さんが「これやるの？」と。僕は、それはプロデューサーが決めるものだと思ったんですが、聞かれたら「やるに決まっているでしょう」と答えますよね。橋本さんも「じゃあ、やってみるか」ということで決まったんですが、よく二人がこれを許しましたよね。
　ヤプールを殺してしまったんで、最後に「ヤプール死すとも超獣死なず」という台詞でエクスキューズしました。ヤプールを復活させろと言われたんですが、そのチャンスは、僕にはありませんでした。

ヤプールは、僕の中では姿もない、実体もない、何かわからないものだという考えでした。僕の解釈では、人間の心の中にあるものがヤプールなんですね。だから人間がいる限り、ヤプールは死なないんです。

筆者は『KODANSHA Official File Magazine ULTRAMAN VOL.6』の市川森一インタビューで、真船禎がヤプールを巨大化させたことについて、そしてそれが右翼や洗脳の象徴だったことについて質問してみた。それに対し市川は以下のように答えている。

市川　本当に一人一人のヤプールがあるんですね。それも正解なんですよ。人それぞれ欲望のあり方というのは違いますから。でも真船さんはひじょうに高級なとらえ方をしてくれて光栄ですね。

「見よ！真夜中の大変身」は、前回倒されたヤプールのその後を描くエピソードである。「逆転！ゾフィ只今参上」では子供達が洗脳されたが、今回洗脳されるのは母親だ。脚本は平野一夫と真船禎の共作。

小学三年生の早川健太（紺野英樹）の父は、外国航路の船乗りで、家に帰ってくるのは二ヶ月か、三ヶ月に一度だ。ある日、ボンベイ（現・ムンバイ）にいる父から健太へ手紙と荷物が届く。その中にはガラスのカケラのようなものが入っていた。それは父がクウェートで健太と同じ年の少年から貰ったもので、現地では安産のお守りだということだった。そして健太の母、よし子は、お腹に子供を宿していた。

巨大ヤプールが倒された後、謎の老人は海を漂っていた。しかし、突然の雷鳴とともに赤い雨が降ると、老人は渦に呑み込まれるかのように沈み、マグマが流れる地底の奥深くでマザロン人の正体を現した。今、ヤプールの復讐が始まろうとしていた。

赤い雨は全世界に降ったが、その正体は梶もまだ掴んでいなかった。そして富士山を中心に、大きな地殻変動が起きているとの報告をＴＡＣが受ける。

よし子も赤い雨を浴びた一人だった。健太はよし子に赤いカケラを渡す。それは、エースに倒されて、粉々に砕け散った巨大ヤプールの破片に似ていた。

翌日からよし子の様子がおかしくなる。鶏の唐揚げと目刺しの朝食を、象の唐揚げと鯨の目刺しと言ったりする。実は、よし子はマザロン人に洗脳されていたのである。そして彼女に超獣マザリュースを産ませようとしていたのだ。

真船　マザリュースの脚本の平野さんは、僕のチーフ助監督だった方です。子供を洗脳する次には、今度は母親を洗脳しようとするんですね。ヤプールは死んでしまったので、代理人を出したわけです。ストーリーは僕が考えて、実際に書いたのが平野さんです。

優しいはずのお母さんが洗脳されてしまうと、息子にご飯を山盛りあげて、「大きく大きく、大きくなあれ。大きくなって、世界をぶっ飛ばせ」なんて言い始めてしまう。お母さん役は岩本多代さんに出て貰いました。

　僕はこのエピソードの後、かなり忙しくなってしまって、『ウルトラマンA』を降板しなければならなくなりました。でも熊谷さんは、「空いている時があったら、すぐに入ってください」と言ってくれたのでありがたかったですね。それで後のシリーズも少しやらせてもらいましたが、『ウルトラマンタロウ』は佐々木守さん脚本の二本が印象深いですね。『ウルトラマンレオ』は第一話、二話の前後編を担当しました（注五）。


よし子が健太と一緒に寝ようとして浴衣に着替えると、彼女の背中に赤い痣《あざ》がいくつも出ている。子供番組では珍しいセクシーなショットに思わずドキリとする。

深夜目覚めた健太は、母親がいなくなっていることに気がつき、外に出て彼女の後を追う。暗闇の中、賛美歌が流れて、よし子は無数の蝋燭が揺らぐ不思議な空間に誘われる。この空間処理は見事だ。そこで彼女が産む超獣マザリュースを見る。そしてマザロン人が言う。

「大地は母なり、母は創造主なり。輝ける未来を作る者なり。汝は母なり。今、汝に力を与えん。力ある子を産むのだ！」

　平将門や菅原道真の例を持ち出すまでもなく、我が国では祟り神の力を利用して、守り神に転換する信仰がある。ヤプールの代理人であるマザロン人は逆に、大地の守り神、創造主である母の力を、邪悪に転換するという発想が素晴らしい。これもまた、真船が考えるヤプールのありようだったのだろう。

（注五）
『ウルトラマンタロウ』第三三話「ウルトラの国 大爆発５秒前！」、第三四話「ウルトラ６兄弟最後の日！」。『ウルトラマンレオ』第一話「セブンが死ぬ時！ 東京は沈没する！」、第二話「大沈没！ 日本列島最後の日」。

第三部

片翼の超人

ウルトラの父の奇跡

夏休みが終わり、九月に入ってからの視聴率は以下の通り。第二二話「復讐鬼ヤプール」(九月一日)十六・七%、第二三話「逆転! ゾフィ只今参上」(九月八日)十九・九%、第二四話「見よ! 真夜中の大変身」(九月十五日)二〇・三%、第二五話「ピラミッドは超獣の巣だ!」(九月二二日)十八・五%。

「復讐鬼ヤプール」は十%台だが、ヤプールの最期とゾフィーの登場というイベント編「逆転! ゾフィ只今参上」では三ポイント以上上昇し、「見よ! 真夜中の大変身」は第二話以来となる二〇%台を獲得した。しかし「ピラミッドは超獣の巣だ!」でまた十%台に下降する。続く前後編の第二六話「全滅! ウルトラ5兄弟」、第二七話「奇跡! ウルトラの父」は、ウルトラ五兄弟の〝全滅〟、最強の敵ヒッポリト星人の登場、そしてウルトラの父が初登場する大イベント編であり、視聴率が伸び悩む『ウルトラマンA』にとって、切り札と言っても差し支えないエピソードであった。

監督はベテランの筧正典、脚本は田口成光。『ウルトラマンA』で初めて、単独の脚本家が書いた前後編となった(そして、結果的にこれが番組最後の前後編となった)。

東京西部には、三日連続の光化学スモッグ注意報が発令されていた(注一)。と、スモッグで煙る東京に、いきなり身長二〇〇メートルの宇宙人が現れた。宇宙で一番強い生き物ヒッポリト星人と名乗った敵は、ウルトラマンAを渡さなければこの世の地獄を見せてやると、

(注一)
この頃の日本は、高度経済成長の負の遺産である公害問題に悩まされていた。

ノズル状の口から大風を吹き出し、街を破壊していった。

早速TACが出動するが、不思議なことに弾は星人の身体を素通りしてしまう。北斗と南はエースに変身しようと、タックスペースで星人に体当たりを試みる。しかしどこからか「エースになってはいけない、お前達に勝てる相手ではない」という声が聞こえ、ウルトラリングも光らなかった。二人はそれでも突っ込んでいくが、タックスペースは星人の身体を素通りした。

その後星人は「今度俺が現れる時、エースを渡してもらおう。その時こそ、こうなるのだ！」と言い、手にしたエースの人形の首を右手で叩き切ってしまう。

前編は人間のエゴイズムを描いている。北斗と南は、山道で事故車を見つける。乗っていたタクシー運転手は、谷間に立っていた超獣と接触したらしく、瀕死の重傷だった。そして首の取れたエースの人形を、子供に渡してくれと言って事切れた。

竜隊長と北斗は新しい人形を買って、被害者の家へ届けに行く。しかし父を殺された宏(西脇政敏)は「エースなんて僕達の味方じゃないや！　エースは父ちゃんを助けてくれなかったじゃないか！　TACなんか駄目だよ！　あんなエースを早く星人に渡しちまえばいいんだ！　そうすれば星人はおとなしくなるのに！」と、怒りをエースとTACにぶつけるのだった。

ショックを受けた北斗は「俺達は今まで、ずっと地球人のために戦ってきた……。それなのに、地球人はエースをもう必要としないのだろうか？」と悩む。

TAC本部に帰った竜は、大勢の市民から〝エースを星人に渡せ〟という電話がかかってきていると報告を受ける。市民の抗議の声に、とうとう山中まで「いっそのことエースを星人に渡してしまったらどうなんでしょうか」と言い出す始末。

竜は「馬鹿もん！　君達はそれでもTACの隊員か⁉　星人の作戦にうかうかと乗ってしまうほど馬鹿なのか！　エースを渡したら次はどうなる？　星人は地球を乗っ取るに決まっている！　君達にそれがわからないのか。我々は戦う！　エースも戦うんだ！」と一喝した。

上原正三が脚本を手がけた『帰ってきたウルトラマン』第五話「二大怪獣 東京を襲撃」で、地球防衛庁の岸田長官は、東京に現れたグドンの掃討作戦を実行しようとするが、MAT隊員達に、万が一失敗しても「いざという時は、必ずウルトラマンが来てくれるさ。心配いらんよ」と言う。上原は人類がウルトラマンに依存してきたことを皮肉ったのだ。一方、このエピソードで田口成光は、強大な敵の前には恩人さえもあっさり裏切ってしまう人間の弱さを描き、ヒーローの存在に疑問を投げかける。田口は、ここで言わばヒーローの存在を否定しているのである。

「全滅！　ウルトラ5兄弟」は、その後、田口が執筆する『ウルトラマンタロウ』と『ウルトラマンレオ』の最終回に直結するテーマを含んでいる。『ウルトラマンタロウ』の最終回「さらばタロウよ！　ウルトラの母よ！」のクライマックスで、東光太郎はウルトラマンタロウへ変身することなく、自分の力だけでバルキー星人を倒す。そして『ウルトラマンレオ』の最終回「さようならレオ！　太陽への出発《たびだち》」では、ヒーローがいるから敵が現れるという、それまでのウルトラマンの存在を真っ向から否定するテーマにまでたどり着く。ヒーローの存在理由を問うのは、この手の番組で触れてはいけない暗黙のルールとも言えるものだった。

再びヒッポリト星人が現れた。TACは全力で戦いを挑むが、その力は強大で、全滅の危機に陥る。こうなったらエースに変身するしかない。北斗と南のタックスペースはヒッポリト星人に特攻をかけ、星人が吐いた炎に包まれるが、今度はウルトラマンAに変身することが出来た。

そして谷間で巨大なカプセル（ヒッポリトカプセル）に入った星人を発見する。星人はその装置を使って、スモッグに自分の幻影を投影していたのだ。

エースはカプセルを破壊し、星人と戦う。しかし星人の巧妙な作戦で、新たに現れたカプセルに閉じ込められ、巨大なブロンズ像にされてしまう。しかしエースは像にされる直前、ウルトラサインを飛ばして兄弟に助けを求めていた。

かくてゾフィー、ウルトラマン、ウルトラセブン、帰ってきたウルトラマンが弟の危機を救うため地球にやって来る（注二）。しかし一瞬の隙を突かれてゾフィーとウルトラマンが、その二人を助けようとした帰ってきたウルトラマンも、そして最後まで健闘したウルトラセブンもカプセルに閉じ込められ、エース同様、ブロンズ像にされてしまったのである。

ラストシーンは、ナレーションなしで、落日からズームバックして、ブロンズ像と化したウルトラ五兄弟を映し出す。

特殊技術は川北紘一。このラストカットは、ウルトラ兄弟の着ぐるみは使わず、ミニチュ

（注二）五兄弟が揃って地球の大地を踏んだのは、このエピソードが初めて。

アを使って効果を上げている。当時の川北との関係について井口昭彦はこう語る。

井口 あの頃は、お互いに鼻っ柱が強かったものですから、川北さんとは、よく喧嘩しましたね。でも、それはお互いにいいものを作りたいという思いからだったし、お互いに引っ張り上げていましたからね。その意味ではいい関係でしたよ。

ウルトラ五兄弟を抹殺したヒッポリト星人は、改めて地球人とTACに、降伏して地球を明け渡すよう要求してきた。さもなくば地球は地獄と化し、地球人はことごとく奴隷になると脅迫する。しかし竜隊長はヒッポリト星人の要求を断固はねつける。

後編「奇跡！ ウルトラの父」で、人々の身勝手、エゴはさらにエスカレートする。星人の脅迫に恐れおののいた市民達は、基地に帰還しようとしていた隊員達の前に立ちはだかり、星人を攻撃するなと詰め寄る。彼らにとっては、地球を明け渡すことと、自分達が奴隷になることとは別の問題なのだった。

竜隊長は、覚悟を決めなければならなかった。彼は再び宏の家を訪れ、父親は星人に殺されたと報告した後、宏に言う。

「星人にも命がある……。私にも命がある……。命と命を交換すれば……、勝てる」

竜がTACに帰ると、A地区に星人が現れたとの連絡が入った。それを聞いた竜は、梶が開発した携帯型細胞破壊ミサイルを出すよう指示する。しかし、エネルギーはまだ半分しかチャージされていない。竜はそれを承知で、星人との戦いに行こうとしているのだ。怪訝そうな隊員達に、竜はエネルギーの少ない分だけ、接近するんだと説明する。

「いいか、ウルトラ五兄弟以上の力を出さなかったら、我々は負ける……。そうなれば……、地球は星人のものになってしまうんだ……。星人に対して……、接近して銃を発射するには、相当の危険が伴う……。この役は私がやる」

竜隊長は、星人に対し命と命を交換する戦いを挑もうとしていた。隊長のその覚悟を見て、梶も戦いに参人の気をそらすため、幻の敵と戦うように指示する。そして隊員達には、星加することを志願する。今、ヒッポリト星人とTACの、地球の未来を懸けた戦いが始まろうとしていた。

隊員達が幻の星人と戦っている間、竜は谷間の敵に一歩一歩近づいていく。そして細胞破壊ミサイルを発射するが、それは星人のカプセルを破壊しただけだった。

後編は、竜隊長の信念、覚悟、勇気が物語を牽引する。本作での竜の立場は、地球を守る最後の砦TACの隊長ではなく、あたかも地球という大きな家族の父に見える瞬間がいくつかある。

例えば前半、竜が家を再び訪れたとき、宏はこう言って噛みつく。

「エースもやられちゃったんだ。TACが星人と戦ったからいけないいんだぜ。星人の言うことをはじめから聞いていれば、父ちゃんもエースも死ななくてすんだんだよ！」

TACを非難する街の人達と同じ理屈である。それを受けて竜は言う。

「宏君、君の言うことはよくわかる。だが地球は君だけのものじゃない。みんなのものなんだ。たくさんの人間が住んでいるんだ……。それなのに……、何の理由もなしに地球を自分のものにしようとしている星人は……、許すことは出来ないんだ。（宏を見て）宏君……、誰かが……、君の大切にしているものを黙って持っていこうとしたら、君は怒るだろう……。今、星人は……、人間達の宝物である地球を……、黙って自分のものにしようとしているんだ……。私達は怒らなければいけない」

そんな竜にただならぬものを感じた宏の姉（小早川純）（注二）は、父親が仕事に欠かさず持っていっていた命のお守りを手渡す。このシーンで、竜は明らかに姉弟の父親的立場である。命のお守りは、それを象徴している。

クライマックス、地球の父たる竜がピンチに陥った時、満を持して現れるのがウルトラの父だ。つまり本エピソードはある意味、この二人の父の物語であると言えるのだ。

ウルトラの父の登場は、小学館の学年誌でも大々的に取り上げられ、読者層の興味を煽った。番組への期待を盛り上げたのは、小学館だけではなかった。橋本洋二も、ここが勝負の時とばかりに、「全滅！ウルトラ5兄弟」「奇跡！ウルトラの父」の二本を、放送に先駆けて試写を行っている。

橋本　この二本は、少し早めに仕上げてもらって、ＴＢＳホールで子供達を集めて試写会をやりました。『帰ってきたウルトラマン』で十三話、十四話の社内試写をやった時と似たやり方

（注二）
元タカラジェンヌ。『ミラーマン』第四〇話「インベーダー移住作戦」で女優デビュー。八一年、朝比奈順子と改名し、二八歳で日活ロマンポルノ『女教師のめざめ』（監督・藤井克彦）で初主演を果たす。二〇二一年没、享年六七。

ですね。

見せ場の多いお話でね、後編でウルトラの父が出てきたら場内がシーンとしましたよ。子供達が画面に呑まれている感じでしたね。この試写会が、次回作を制作する後押しになりました。つまり局としては、ウルトラの父の登場で、また来年もシリーズを続けることになったんです。そしてウルトラの父という発想が、ウルトラの母へつながっていくわけです。

この前後編が成功したのは、ウルトラ五兄弟の危機、ウルトラの父の登場というイベント性だけではなく、ストーリーの進行上、ヤプールの存在を気にする必要がなくなったということも要因の一つだと思う。第二五話「ピラミッドは超獣の巣だ!」は、ヤプールが出てこなくてもさほど影響のないストーリーであったが、この前後編の場合、もしヤプールが健在であれば、ヒッポリト星人はその背後に回らざるを得ず、これほど強烈なキャラクター性を発揮することは出来なかっただろう。

そして、このサービス満点の前後編に視聴者は敏感に反応する。「全滅! ウルトラ5兄弟」は二二・八%、そして「奇跡! ウルトラの父」は二六・三%と第一回に次ぐ視聴率をはじき出す。以後、『ウルトラマンA』はしばらく二〇%台をキープし、少なくとも数字の上では黄金期を迎える。

唐突な降板

小学館の学年誌、一九七二（昭和四七）年十一月号（十月発売）の『ウルトラマンA』特集を見た子供達は、番組の急激な変化に驚いたに違いない。そこにはウルトラの父関連の記事の他、南夕子の身に起こる何か、そしてウルトラ六番目の弟という二つのトピックが記されていたからだ。これらの記事を読んで、筆者は当時、『ウルトラマンA』も普通のヒーロー番組になってきたな、と感じたことを覚えている。

ウルトラの父編に続く第二八話「さようなら夕子よ、月の妹よ」、第二九話「ウルトラ6番目の弟」は、南夕子の退場、新レギュラー梅津ダン（梅津昭典）の登場と、作品のフォーマットが激変した二本だった。

南夕子がいなくなることは、演じる星光子にとってまさに寝耳に水だったようで、映画情報サイト「シネマトゥデイ」によると、この二本の脚本を読んだところ、「さようなら夕子よ、月の妹よ」で南が月に帰り、「ウルトラ6番目の弟」には自分の名前がなかったことで、初めて番組を降ろされたことを知ったと証言している（注一）。

南夕子の退場は、どのタイミングで決定したのだろうか。残された資料で、そのことについて検証してみよう。まず第三クールを迎える前、円谷プロ側が局に提出した『ウルトラマンA―番組延長に関する強化案メモ―』という冊子を紹介したいと思う。

これは長い内容ではないし、『ウルトラマンA』という番組の弱点を円谷プロ側も把握し

（注一）
二〇一二年四月三〇日配信の記事。
なお、第二八、二九話は二本持ちなので、脚本は二冊渡される。

ていたことを証明する資料なので、全文を再録する。執筆は、その独特の筆致から熊谷健であることがわかる。

延長強化案メモ

はじめに

全国の子供達の声援と夢をになって、ウルトラ兄弟の五番目のヒーロー〝ウルトラマン・エース〟(原文ママ)がブラウン管に登場したのが今春・四月七日でした。北斗星司と南夕子の「勇気」と、「平和を願う心」を象徴する男女の合体によるウルトラマンAと、恐るべき異次元人・ヤプールの創り出す〝超獣〟との対決は、再度ブームを巻き起した変身ブームの最中で、同時放映開始の「変身忍者嵐」を同枠に迎えながら、第一回「輝け！ウルトラ5兄弟」で二十八・八%という高視聴率を獲得し颯爽と登場したのでした。

しかし、夏場を迎え、セット・イン・ユースの低下に伴い期待された高視聴率を存続出来なかった事もいなめない事実でした。そこで、2クール目に入り、次第に上昇しつつある視聴率にさらに拍車をかけるべく、私達の反省と、幾つかの強化延長案を提示し、検討してみたいと思います。

当初、新シリーズ・「ウルトラマンA」の三つの特色として、

① 男と女の合体変身によるヒーロー登場！

② ウルトラ兄弟・五番目のウルトラマンA登場！

③ 異次元人・ヤプールの創り出した、地球上の生物と宇宙生物の合体生物。超獣の登場！

を売りのポイントに注目され、初回から怪獣を数十倍をもパワー・アップした〝超獣〟のイメージを強力に押し出しながら、第一話「輝け！ウルトラ5兄弟」、第五話「大蟻超獣対ウルトラ兄弟」でウルトラマンAの兄弟を登場させたのです。

そして、第七話・八話の前後篇では、怪獣と宇宙人と超獣を登場させ、圧倒的な超獣のパワーを強調したのでした。

そして、第十話「決戦！エース対郷秀樹」では、前シリーズのレギュラーを登場させ、テレビ文化の一つの試作を試みたのです。

そして、第十三話・十四話の前後篇「死刑！ウルトラ5兄弟」「銀河に散った5つの星」では、子供達の夢であるウルトラ5兄弟・（ゾフィ・ウルトラマン・ウルトラセブン・帰って来た（原文ママ）ウルトラマン・ウルトラマンA）の豪華なる競演の中で、華麗なる、ウルトラ・シリーズの五大スターの誕生を見たのです。

しかし、反面、五番目の兄弟・ウルトラマンAという、このシリーズのヒーロー自身の魅力がいくぶん半減された事もいなめない事実でした。

そして、ともすれば、〝超獣〟の登場で、そのディテールの描写のみに終始し、盛りだく

さんな設定と内容が、ドラマとしての感動をうすめてしまった事も事実でした。

そして、いまひとつ、星司と夕子の空中での、ウルトラ・タッチという変身パターンは、当初は斬新な変身の形として、注目されながらも、ともすれば、子供達の間での反応は余りかんばしくありませんでした。

何故？ それは、子供達の遊びの世界に溶け込む事の出来ない変身パターンであるからに他なりませんでした。

そこで、今後は、抽象的なタッチ、パターンの処理をさけて、子供達が気軽に真似ができ、親しめる形を刻明に視覚化したいと思います。

そして、二人の合体により登場したウルトラマンAに、より星司と夕子の心情が流れ、生きたドラマ作りを、心がけたいと思います。

そして、TACチームのレギュラーに関しては、当初から、比較的、キャラクター作りはこまやかになされ、生かされて来ましたが、今後より一層、多彩なゲストを迎えながら、一人ひとりのドラマの中に切り込みながら、尚一層、星司と夕子が生き、感動的なウルトラマンAの登場をねらって見たいと思います。

それは、とりもなおさず、ウルトラ・シリーズの原点に立ちかえる事であり、シンプルで子供達にもわかりやすい夢と感動のシリーズになる事と確信致します。

そして、現在の脚本陣・監督陣に新鋭・若手を参加させ、さらに、技術陣の智恵と工夫を加味する事により、より奇想天外な発想と、トリックの仕掛けの壮烈さ華麗さをちりばめ、スリルと、サスペンスに満ちあふれる感動的な人間ドラマの中での円谷特撮を検討、本来の特撮シリーズの醍醐味を強調し、制作して行きたいと思います。

以上の点を考慮し、十月からの延長を考え、合せ、制作費のアップを御検討して頂きたいと思います。


いかがだろうか。番組の弱点に関しては分析が出来ているものの、肝心の強化案については具体的に書かれているのは、〝抽象的なタッチ、パターンの処理をさけて、子供達が気軽に真似ができ、親しめる形を刻明に視覚化したい〟と〝現在の脚本陣・監督陣に新鋭・若手を参加させ〟ぐらいだろうか。

前者に関して言えば、空中でのウルトラタッチをやめて、『超人バロム・1』のバロムクロスのように、シンプルな変身ポーズとパターンを考えていたのだろう、ということだけは想像できる。

そして〝尚一層、星司と夕子が生き、感動的なウルトラマンAの登場をねらって見たい〟という記述からは、これからも合体変身を続けるという意思が読み取れるのである。

制作者側が南夕子の退場を決断したタイミングを考える場合、この冊子がいつ作成されたかが問題になる。残念ながら印刷時期は不明だが、内容や脚本の印刷時期からある程度割り出すことは可能だ。

本文には夏場の視聴率低下のことが書かれているから、おそらく作成されたのは八月である。

気になるのが決定稿の印刷時期だ。「奇跡！　ウルトラの父」の印刷は八月十二日で、「さようなら夕子よ、月の妹よ」は同月二六日である。ちょうど二週間空いている。第十二話「サボテン地獄の赤い花」から、第十三話「死刑！　ウルトラ5兄弟」、第十四話「銀河に散った5つの星」までも、やはり約二週間空いていた事実と合わせて考えると、筆者は「奇跡！ウルトラの父」の決定稿が上がった時点では、南夕子が以後も引き続き登場するはずだったと考える。

『ウルトラマンA―番組延長に関する強化案メモ―』は、八月の頭から十日前後に作成され、TBSで番組延長に関する打ち合わせが行われたのだろう。そこで変身方法の今後が話し合われ、その後、制作者側が南夕子の退場という決断を下した、という流れだったのではないだろうか。

橋本　男女合体変身をやめるというのは、円谷プロ側から出てきたアイディアでした。『ウルトラマンA』の企画時、合体変身ということに、局の番宣部長はかなり乗っていました。「画面の端と端から来て、真ん中で合体するんだろう」とか、面白がって話していましたからね。合体変身は、番組制作上の〝掴み〟の一つでしたが、実際は難しかったですね。現場スタッフの受けも悪かったようです。しかし前半の二八本の出来はよかったと思いますよ。

田口　男女合体変身、私は面白いと思ったんですが、いざホンを書く段階になると、北斗と南が、いつも一緒にいなければならないというのが弱点でした。

それに北斗と南、二人のドラマがいるんですよ。それを描くために、無駄なカットバックが必要になって、話を絞り込めない。普通だったら、ドラマは主人公一人の心情で進行出来るんですが、初期の『ウルトラマンA』では、北斗と南の二人が納得しないことにはドラマが進まない。最初は面白いと思ったんですが、よくよく考えると無理がありすぎるよね。二人がうまく噛み合ったときは面白かったんですが。

のちの『ウルトラマン80』（注二）で主人公を学校の先生に、と言ったのはTBSなんですが、それで矢的猛《やまとたけし》は、先生と防衛隊の二足の草鞋《わらじ》を履く羽目になりました。あれも無理から始まった企画だったんです。

『ウルトラマンA』に関しては、ヤプールと夕子がいなくなってからの方が書きやすかったですね。

（注二）八〇年四月二日〜八一年三月二五日。

山際　ドラマの作り方が難しいという問題が、『ウルトラマンA』にはついて回りましたね。例えば北斗をドラマに使いすぎると、どうやって夕子と変身するの？　ということになってしまう。

そういうこともあって、他の隊員達の話が多くなってきました。僕の「3億年超獣出現！」は美川隊員、「超獣10万匹！　奇襲計画」は今野隊員、「怪談・牛神男」は吉村隊員の話で、北斗と夕子はほとんど出てこない。超獣が出てくる辺りでようやく登場する構成でした。

煌々たる満月が、日本の上空を明るく、冷たく照らしていた夜。TAC隊員達はアロー、スペース、パンサーでパトロール中だった。

北斗とパンサーに乗っていた南は、月が奇妙に光ったことに気づき、車を止めさせると、丘の上に向かって走り出した。

そして上空の月を見上げると、

「わかりました。今夜、今夜こそ、ルナチクスが姿を現すんですね」

と、不思議な言葉をつぶやく。

石堂淑朗脚本、山際永三監督による「さようなら夕子よ、月の妹よ」は、このように始まる。パトロールのシーンに効果音はなく、台詞以外はドビュッシーの「月の光」が流れるだけ（注三）。しかしこのロマンチックなムードは、前記の南の台詞でかき消される。

同じ頃、本部の地殻変動計は異常を感知、火山爆発の恐れが出てきた。そしてその直後、神山に超獣ルナチクスが出現する。

それはかつて月のマグマを吸い尽くし、死の星に変えてしまった恐ろしい超獣だった。ルナチクスは年に一度、十月の満月の夜、地球の真ん中から地表に近づいてくるのだ。

そして南は月星人であり、ルナチクスを倒すため地球人になりすまし、超獣が現れる時を待っていたのだ。

（注三）山際の撮影台本に曲名の指定はなく〝M－1 月の光のムード〟とだけある。

『KODANSHA Official File Magazine ULTRAMAN VOL.7』のインタビューで、熊谷健は「さようなら夕子よ、月の妹よ」について以下のように証言している。

——熊谷さんの発想の中には、夕子は最初からかぐや姫だった、というのはあったんですか?

熊谷　少しはありました。そういう意味でも石堂さんという作家との出会いは重要でした。石堂さんも幼児体験にアニミズム的なものがあったとおっしゃるし、僕は青森の生まれでそういう土壌に育っています。その辺のところの波長が合ったんですね。

石堂の脚本は今回も力業である。かぐや姫をベースにしたストーリーは実にシンプルで、ルナチクスが登場してすぐ北斗と南はウルトラマンAに変身し、激闘の末、超獣を倒す。約二五分のランニングタイムで、ここまでが十五分。残りは北斗と南の別れ、そして北斗による単独変身が描かれるという特異な構成だ。

北斗と南の別れ、男女合体変身の解消となれば、シリーズでも重要なイベントである。せめて月星人である南のキャラクターを活かした前後編にして、じっくりと描くべきだったたろう。それが出来なかったということは、彼女の降板がいかに性急に決まったのかという、一つの証明であろう。

山際　一部のファンは、夕子は虐められて辞めたなんて言っているようですが、そんなことはないですよ。合体変身で、主人公が二人いるから話が難しくなってしまった。そこで本来の円谷プロのスタイルに戻そうとして降板ということになったんだと思います。

でも第二八話ですから中途半端ですね。前に熊ちゃんにこのことを訊いたんですが、彼もそれ以上のことは知らないということでした。ですから多分、ＴＢＳサイドの話なんだろうと思います。本当にテレビは色んな人の色んな思惑が入ってきますから、真相はわかりません。

でも夕子の最後の話は、石堂さんが題材を上手く処理して、キッチリとした出来になりました。夕子の父親と母親が出てきてなんとか、というような方向には行かず、宇宙人の運命の話に持っていってくれたから助かったんです。

もう一つは、星光子さんが一生懸命、夕子の最後を演じてくれたということもあります。おそらく、自分の最後を飾ろうとして頑張ったんだと思います。

中盤からラストにかけてのシーン、ロケは箱根でやりました。夕子が月に帰っていくところは、ナイターではなく、昼に撮っています。つまりツブシ（疑似夜景）ですね。

隊員服だった夕子が突如、白いガウンみたいなものを羽織って出てきます。これが、彼女が月の人になった合図なんです。

彼女、カメラから一キロぐらい離れた凄い急斜面をパーッと走るんですが、衣装の裾がヒラヒラして綺麗でしたねえ。最初、「あの熊笹のところから走ってくれ」と指示したんですが、彼女は「遠いし無理です」と言ったんです。そこで助監督が確かめに行って、なんとか走れるということがわかったんで、「急斜面だから気をつけてやってくれ」と伝えて、彼女が一生懸命走ってくれました。

そのかなり離れた斜面を走る夕子を、内山五郎さんが望遠レンズで撮ってくれたんです。空中を飛んでいるような感じで、なかなかいい画でした。

その後、夕子がジャンプするカットは、撮影所でトランポリンを使って、ハイスピードで撮っています。これは、だんだん宇宙人に戻っていくという意味ですね。

その後、気がついたら夕子は湖の上に立っています。これは芦ノ湖の浅瀬で撮影しました。三尺イントレ（足場）を岸から一〇〇メートルくらい離れたところに置いたんですが、木製だったので、そのままだとプカプカ浮いてしまうんです。だからあのカットは、助監督が水に潜って、イントレを押さえているんですよ。

ここは夕子の足下がバレないように白スモークを流したんですが、彼女が湖の上に立っているように見えて幻想的でしたね。

その後、北斗が一人でエースに変身して、その周りを夕子のミニチュアが旋回するんですが、人形がチャチで気に入っていません（注四）。

そして最後にTAC隊員が集まって、夕子の隊員服を焼く。竜隊長が「TACの歌を歌って、南隊員に最後の別れを告げよう」と言って、みんなで歌うシーンになるんですが、誰も歌詞を覚えていないんです。「自分達の番組の歌を覚えていないのはけしからんじゃないか」と怒っ

（注四）夕子の人形は、あえて縮尺率を下げて、大きめに作っている。

たんです。それでスピーカーからTACの歌を流して、慌ててみんなに覚えさせました。ここは夕景狙いでしたから、急がないと太陽が沈んでしまって撮れなくなる。それで怒ったんですが、いまだに役者さんから「監督、あのときに怒られたことは覚えています」と言われますね。

石堂さんは、手練手管を使って、夕子を見送る話をキチッと書いてくれました。シリーズの転換となる難しいエピソードの注文でしたが、監督の自由度はありましたし、色々工夫が出来ました。制約はありましたが、ちゃんと撮ったつもりですよ。

南夕子の退場は、制作者達が『ウルトラマンA』という番組のトータルイメージを掴みきれなかったことが、原因の一つだったのではないだろうか。『KODANSHA Official File Magazine ULTRAMAN VOL.5』で筆者が行ったインタビューで、〝『ウルトラマンA』の場合、市川さん、上原さん、田口さんの3人が初期の設定編を書いているので、トータルなイメージがわいてこないといったマイナス面が出てしまったような気がします〟という質問に、橋本洋二は以下のように答えている。

橋本　ご指摘の通りです。だから『帰ってきたウルトラマン』をウエショウ（引用者注・上原正三）が書いたような勢いで森一が書いてくれれば、もっとはっきりとしたイメージのある路線になれたんですけどね。ところが森一を見ていると、作品世界のことで葛藤はしているんだけど、書ききれないというかな？　行き詰まっているというかな？　自縄自縛ふうなものがやや見えたんで、ひとつ見通しがついた時点で、あとは自由にやろうということにしました。それには現場が一番問題にした男女合体のシーン、そのあたりを外してしまってもかまわないと、もっとみんな自由におおらかにやれた方がいいだろうと。それをひとつの転機として、具体的にはウルトラの父を登場させる。それはいわば目くらましなんですけどね。

新しい血・一

第二九話「ウルトラ6番目の弟」は、「さようなら夕子よ、月の妹よ」と二本持ちの山際永三監督作品。脚本はのち、刑事ドラマの名作『特捜最前線』（注一）で、テレビ界のスターライターとなった長坂秀佳《しゅうけい》である。

橋本　私が東映で『刑事くん』の第一シリーズ（注二）をやっていたとき、番組プロデューサーだった東映の斎藤頼照さんが、「橋本さんに紹介してもいい作家を見つけました」と長坂さんを連れてきたんです。あの二人は、とても気が合っていましたね。

長坂さんは、物凄く気配りがあって、書くのが速いんです。それにフレキシビリティがあっ

（注一）七七年四月六日～八七年三月二六日、テレビ朝日系列。

（注二）七一年九月六日～七二年十月二日。

て、プロデューサーとしては誠に助かるライターでした。それで私が熊谷さんに紹介したのだと思います。最初に彼が書いた回は、長坂さんらしい話でしたね。

長坂の『刑事くん』初登板は、七一年十二月二七日放送の「吹けよ木枯し」。円谷プロデビューが、七二年一月二一日放送の『帰ってきたウルトラマン』第四一話「バルタン星人Jrの復讐」だから、橋本は出会って間もない時期に長坂を円谷プロへ紹介したことになる。そして長坂の『ウルトラマンA』への参加は、『番組延長に関する強化案メモ』の〝現在の脚本陣・監督陣に新鋭・若手を参加させ〟という項目に沿ったものだった。

「ウルトラ6番目の弟」は、ある夜、何の前触れもなく超獣ギタギタンガが現れるシーンから始まる。連絡を受けたTACは早速出動するが、現場に到着したときにはすでに超獣の姿はなく、破壊され尽くした工場跡には、強烈なアルコール臭が漂っていた。そして犠牲者には外傷がなく、何らかのガスで窒息死したのではないかと考えられた。

ギタギタンガを操っているのは、地底人アングラモンである。彼ら地底人は、地球人が地下水をくみ上げるのをやめさせようと、これまで何度も酸欠ガスを発して警告してきたのだ。しかし人類は全く気がつかなかったので、十時間以内に地下水のくみ上げを止めないと、ギタギタンガで地球人を滅亡させると、最後通牒を突きつけてきたのである。

劇中では明らかにされないが、地下水のくみ上げで地底人の住環境が激変してしまったため、地上に現れたのだろう。つまりアングラモンにとって、これは侵略ではなく、あくまで自分達の生存を懸けた戦いなのである。

これはテーマとしてはひじょうに重く、とても一話で描ききれるものではない。このエピソードは、ウルトラの星が見える梅津ダン少年の紹介編であり、ドラマのウェイトはそちらに置かれている。従って地底人の方は、興味深いテーマではあったが、宙ぶらりんのまま終わってしまった。

そのダン少年である。母親はダンを産んですぐ死に、その後は工場の技師（注三）だった父親と姉の香代子（宮野リエ）で三人暮らしを続けていた。しかし一年前、父親は酔っぱらい運転で事故を起こして死んでいた。

ダンとは父親が付けた名前で、〝決断のダン〟〝断固のダン〟を意味する。

ダンは父親の事故のこともあり、ガキ大将達に嘘つき呼ばわりされ疎まれている。しかし嘘つきでないことを証明するため、幅五メートルはある川を竹竿で跳び越えようと、人知れず努力する負けん気の強い少年である。孤児だった北斗は、ダンに次第に共感を覚えていく。

南が仲間のもとへ旅立ったことで、ドラマは北斗に集中出来ることになり、本作は彼の目を通し、ダンの内面を描くことに成功している。登場人物が心に抱える、一種の十字架を描く展開は、さすが長坂といったところである。

ダンには昼間にも見える星があった。その星はギタギタンガが再び現れることを予言するが（注四）、いつも見えるわけではない。

北斗はダンに言う。

（注三）
ギタギタンガが襲った工場の技師。脚本では同じ工場に勤めるカーデザイナーだった。また脚本でギタギタンガは、東映の怪人ばりに「ギタギター！」と吠える。

（注四）
その理由は明らかにされない。

「あの星はな……、負けるもんかって思ったときにだけ見える星なんだ」

「負けるもんかって？」

「今まで君が星を見たとき……、きっと心の中で……、負けるもんかって叫んだはずだ……。あの星は、ウルトラの星だ」

「ウルトラの星？」

「そうだ、あれがウルトラの星だ」

「でも、俺にはもう見えないよ……」

「今は君が負けそうになっているからだ……。どんなときにもへこたれず……、負けるもんか……、負けるもんかって頑張れば……、ウルトラの星は君にもずうっと見えるようになる」


北斗の調査で、父親の事故はアルコールによる運転ミスではなく、ギタギタンガに襲われそうになった少女を救うためだったことが判明する。その後ダンは、真の勇気を見せ、〝ウルトラ6番目の兄弟〟となるのだった。

しかしそもそも、制作者側はなぜここでダン少年を登場させたのだろうか？

橋本　ダン少年を出すというのは、熊ちゃんのアイディアです。タレントも彼が連れてきました。その頃、現場は熊ちゃんに任せていましたから、あまり細かい事情は知りませんが、もう一人くらい、レギュラーが欲しいというのがあったのかもしれません。

熊谷　ただの格好のいい男の子がいて怪獣と戦って変身してやっつけるだけではなく、ある意味での人間らしさといった部分のドラマがなければいけない、というのが僕の根底にはあるんですよね。僕が最初に映画の現場に付いたのは、小津安二郎さんが監督された『小早川家の秋』（注五）でした。というのも小津さんが描く人間ドラマ、人間の絆、家庭、夫婦の姿が大変に好きで、小津さんの付き人兼、見習い助監督という形で現場に潜り込んだんです。（『KODANSHA Official File Magazine ULTRAMAN VOL.7』熊谷健インタビューより）

山際　この回からレギュラーが増えました。女の子と少年が姉弟でした。僕と熊谷さんでキャスティングしたんですが、橋本さんには怒られました。二人とも番組のイメージにふさわしくないということでしたね。熊谷さんには申し訳なかったのですが、このときは責任をかぶってもらって、知らないフリをしてしまいました。

主人公が市井の人間と接点を持つという設定は、『帰ってきたウルトラマン』で初めて取り入れられ、以後のシリーズにも継承された。しかし『ウルトラマンA』は当初、それを採用しなかった。おそらく市川森一の〝純粋にSFであるべきだ〟というこだわりの表れであろう。しかしダン少年の登場は、市川が番組に託した最後の牙城さえも突き崩してしまった。しかも脚本を執筆したのは、のちライバルと呼ばれるようになる長坂秀佳だったのだから皮

（注五）六一年、宝塚映画。

肉である。

長坂は第三クールで、他に二本の脚本を執筆している。三四話「海の虹に超獣が踊る」、第三六話「この超獣10,000ホーン?」だ。

「海の虹に超獣が踊る」は、父を亡くした少年のドラマである。浜ユウジ(佐藤賢司)の父は、タンカーの船長だったが、船は行方不明になってしまった。姉の波子(山田圭子)は、ユウジに父親の死を知らせることが出来ず、海に浮いていた不思議な貝殻を千枚集めると父が帰ってくると嘘をついてしまい、以来、ユウジは毎日貝殻を集めている。しかしそれは、父を殺した超獣カイテイガガンのウロコだった。

姉弟部分のドラマだけを見ていると、完全に一般ドラマで、そこに超獣が入り込む隙がないように思えるが、カイテイガガンのウロコという小道具が二つの世界を結びつける展開が見事だ。ドラマとしてはユウジ側より、弟に嘘をついてしまった波子の心理描写の方が面白い。

監督は志村広。円谷プロ作品では、『戦え! マイティジャック』『怪奇大作戦』『恐怖劇場アンバランス』『ミラーマン』の助監督を務め、『ミラーマン』第十七話「罠におちたミラーマン」で監督デビューした。同作の第三二話「今救え! 死の海―シーキラザウルス登場―」は、海洋汚染という社会的テーマを有したエピソードで、シリーズ中の傑作だった。

「海の虹に超獣が踊る」も海洋汚染が背景にあり、重厚な演出、特徴的なカメラワークで印象に残る作品となった。『ウルトラマンA』への参加はこの一本だけで、その後は、『ジャンボーグA《エース》』（注六）最初の前後編、第九話「絶体絶命！ジャンボーグA——二大サイボーグ怪獣登場——」、第十話「響け！戦いのトランペット——二大サイボーグ怪獣登場——」を担当。番組を大いに盛り上げたが、これが最後の円谷プロ作品となってしまった。

筧正典監督による「この超獣10,000ホーン？」は、暴走族の改心ものだが、そこに至るドラマは予定調和的でリアリティがない。着眼点はユニークだったが、『ウルトラマンA』という番組にふさわしいテーマではなかったと思う。また、超獣にサウンドギラーという名前を付けているにもかかわらず、超獣が音に反応して出現することに北斗が気づくのが遅すぎる。

長坂秀佳が『ウルトラマンA』に残した三本の脚本は、超獣出現に社会的な背景があり、市井の人々に焦点を当てたドラマ作りで、番組に新たな展開を予想させたが、長坂は「この超獣10,000ホーン？」をもって降板してしまう。

橋本　僕の気持ちの中には、長坂に次のシリーズをやってもらえるのかな？というのがあったんですが、そこまではまだいけなかったですね。長坂はこういうもので縛られたくない、という考えが絶えずある人だし、こういう言い方は観念的でひじょうによくないんだけど、呼吸が合わない、というのかな？彼のバイオリズムと作品のバイオリズムが合わないというのが多少あったよね。やっぱり『刑事くん』で長坂と斎藤頼照さんとやっているような雰囲気では行けないんだよ。『刑事くん』で長坂は沢山書いているよね。僕は

（注六）七三年一月十七日～十二月二九日、NET系列。

頼照さんとは気が合ったんです。（中略）長坂も頼照さんと気が合う。そこに僕と頼照さん、頼照さんと長坂、長坂と僕、といったダイナミズム（力学的関係）があったんだね。
（『KODANSHA Official File Magazine ULTRAMAN VOL.5』橋本洋二インタビューより）

新しい血・二

第二九話「ウルトラ6番目の弟」以降、番組は脚本、監督ともに新しいスタッフの起用が目立つ。第三〇話「きみにも見えるウルトラの星」、第三一話「セブンからエースの手に」の監督は、菊池昭康とともに本編のチーフ助監督だった岡村精の監督昇進作である。

「きみにも見えるウルトラの星」の脚本は田口成光。前半の、北斗の判断ミスによる死亡事故と、後半の、ウルトラ六番目の兄弟と呼ばれ慢心したダンが、超獣レッドジャックの爪を取りに行こうとするドラマが真っ二つに分かれている。どちらも興味深いテーマなので、焦点を一つに絞るべきだったのではないだろうか。

「セブンからエースの手に」の脚本は山田正弘。『ウルトラQ』から『ウルトラセブン』まで、金城哲夫らとともにシリーズを支え続けたベテランが、『ウルトラマンA』に唯一残した作品である。

謎の黒い彗星は、出現してから三日目に姿を消した。梶の分析によると、あれは彗星ではなく、質量ゼロの謎の存在だった。そしてTAC基地にミオ（戸川京子）という幼女が現れ、北斗にバクちゃんとバクおじさん（本郷淳）を助けて欲しいと言う。

バクおじさんは動物園のバクと話せる不思議な能力を持っている。しかし、なぜか話が出来なくなってしまっていた。と、バクは北斗の前で急に姿を消し、代わりに超獣バクタリが現れた。

『ウルトラQ』では第六話「育てよ！　カメ」、第十五話「カネゴンの繭」、第十八話「虹の卵」など、子供を主人公にしたファンタスティックな作品を得意とした山田だが、「セブンからエースの手に」もその延長線上にある作品である。山田が『ウルトラマンA』に参加した理由は、監督の岡村に呼ばれたためと、本人が生前最後のインタビューで筆者に語ってくれた（注一）。

というのも理由がある。岡村は吉田喜重のATG映画『エロス＋虐殺』（七〇年）、『煉獄エロイカ』（七〇年）、『告白的女優論』（七一年）、『戒厳令』（七三年）で、チーフ助監督などを担当していたからだ（注二）。本エピソードの撮影はやはり吉田組の長谷川元吉で、吉田作品ばりの凝りに凝ったカメラワークを披露した。

山田は六七年の『炎と女』から『告白的女優論』まで、吉田作品五本に脚本を提供している（注三）。つまり本作は、吉田喜重組の手による『ウルトラマンA』であり、ファンタスティックな素材にアバンギャルドの衣を着せた異色作だった。

第三二話「ウルトラの星に祈りを込めて」、第三三話「あの気球船を撃て！」は筧正典の

（注一）
『KODANSHA Official File Magazine ULTRAMAN VOL.1』山田正弘インタビュー時のものだが、記事では未収録。他に『ウルトラQ dark fantasy』（二〇〇四年四月六日～九月二八日、テレビ東京系列）第二三話「カネゴンヌの光る径」についても聞いたが、構成の関係でオミットした。

（注二）
『エロス＋虐殺』助監督。
『煉獄エロイカ』製作（吉田喜重と共同）、助監督。
『告白的女優論』製作（吉田喜重、勝亦純也、磯田啓二と共同）、助監督。
『戒厳令』助監督。

（注三）
『炎と女』田村孟、吉田喜重と共作。
『さらば夏の光』（六八年）長谷川竜生、吉田喜重と共作。

『エロス+虐殺』『煉獄エロイカ』『告白的女優論』吉田喜重と共作。

二本持ち。脚本はそれぞれ田口成光、石堂淑朗である。「ウルトラの星に祈りを込めて」に登場するのは、宇宙人でも超獣でもなく、超獣人間の別名を持つコオクスだ。人間態（少年）を演じるのはバキシム以来、二度目の超獣役となる高橋仁。

コオクスは、星野アキラと名乗って梅津姉弟に近づき、特殊能力で北斗の力を奪おうとする。北斗はアキラを怪しみ、ダンにエースの名前でメッセージを残す。感激したダンは、アキラを見張って、その正体がコオクスであることに気がつく。北斗とダンの関わりを描く、この時期の典型的なエピソード。

「あの気球船を撃て！」に登場するのは、気球船超獣バッドバアロン。ヤプールの死後、超獣はその存在理由を失ったが、逆に言えば何でもありになったわけで、それゆえ、この時期にはユニークなキャラクターが多く登場した。このバッドバアロンもそうで、脚本が石堂淑朗だけに、超獣というよりも妖怪に近い存在だった。

バッドバアロンは気球に化け、ゴンドラに乗った子供達の生命力を吸収してしまう。子供達は一見おとなしく、素直な性格に変わってしまうので、母親達はその変化を歓迎し、我が子をこぞって気球に乗せようとする。しかし実はおとなしくなったわけではなく、子供達は生気を吸われて老人のようになってしまっただけなのだ。そしてバッドバアロンは、子供達の生命力によって巨大になっていった。

石堂は本作で、戦後教育を批判しようとしたわけではないだろうが、結果的に一人一人の個性を尊重しない現代日本教育への批判になっている。大人達にとって都合のいい子供像というのは、しばしば子供自身のためにならない。

第三五話「ゾフィからの贈りもの」は、脚本の久保田圭司も監督の古川卓己も、円谷プロ作品初参加だった。久保田は、日活ニューアクションの名作『無頼より 大幹部』『縄張《しま》はもらった』（ともに六八年）の脚本をそれぞれ池上金男、石松愛弘と共作し（注四）、タツノコプロのアニメ『宇宙の騎士テッカマン』『ゴワッパー5ゴーダム』（注五）なども執筆している活動の幅の広い脚本家である。

古川卓己は、太陽族映画第一号で、石原裕次郎のデビュー作として知られる『太陽の季節』（五六年）を監督した、日活出身の大ベテラン。

登場する超獣はドリームギラスという、夢と現実を行き来する謎の生物だ。浅倉雪夫という少年（西脇政敏）に取り憑き、おねしょをさせてしまう。しかもドリームギラスはそのおねしょの中に潜んでいるという変わり種だが、結局、何のために現れたのかサッパリわからない。ヤプールの退場以降、『ウルトラマンA』はドラマのウェイトが大きくなり、超獣はそのきっかけに過ぎないエピソードが見受けられるようになるが、本作もその例に漏れない。

第三七話「友情の星よ永遠に」の脚本は、売れっ子の石森史郎。石森は『仮面ライダー』から特撮作品に関わるようになり（注六）、『ウルトラマンA』では第四四話「節分怪談！光る豆」も執筆した。本エピソードの監督は筧正典。「この超獣10,000ホーン？」と二本持ちで、サウンドギラー、マッハレスと音に関する超獣の連作だった。マッハレスは、飛行機や車といった超高速で移動する物体の騒音に反応して暴れる設定だが、初登場シーンで、

（注四）『無頼より 大幹部』監督・舛田利雄。『縄張はもらった』監督・長谷部安春。

（注五）『宇宙の騎士テッカマン』七五年七月二日～十二月二四日、NET系列。『ゴワッパー5ゴーダム』七六年四月四日～十二月二九日、NET系列。

（注六）七二年二月十九日放送の第四七話「死を呼ぶ氷魔人トドギラー」から参加。

どういうわけか北斗は〝マッハレス〟と超獣の名前を口にする。マッハレスの別名は鈍足超獣で動きは緩慢だが、見た目ではなく、性質を表す名前をいつの間に付けたのだろう？

ニューライト自動車技術研究所の設計主任、加島（真家宏満）（注七）の夢は、マッハの壁を破るレースカーを作ることだ。加島は北斗と中学、高校の親友だった。というのも孤児だった加島と分け隔てなく付き合った旧友は北斗だけだったからだ。

中学、高校時代、人間関係で辛い目に遭ってきた加島は、そのせいで人を信じることも愛することも出来なくなっている。レースカーの設計図はすでに完成しているが、それを会社の金庫にしまわず、自分の鞄に入れて毎日持ち帰るのはその表れだし、恋人の真弓（三笠すみれ）の愛も受け入れることが出来ない。

真弓は別の男からプロポーズを受けているのだが、加島に尽くそうとしている。しかし加島は、そんな真弓に、故郷の尾道に帰ってその男と結婚しろと言う。

「俺は車のスピードを上げることしか……、高性能の車を設計することしか考えていないんだ……。マッハの壁を破る車の設計図は、こうして俺の手で完成している……。外国からはひっきりなしに問い合わせがあるし、アメリカのあるメーカーじゃ、俺個人の研究所を持たせるとまで言ってきているんだ……。俺は最も条件のいいところに、俺自身を売りつけてやる」

「加島さん自身を？」

「ああ。今度のテストの結果次第で、地位も……、名誉も金も……、俺が欲しいものはみ

（注七）六七年に解散した男性アイドルグループ、ジャニーズのリーダーだった。なお本作でのクレジットは、まいえ宏満である。

んな手に入るんだ……。そんな生活が俺を待っているんだ……」

　加島はこう言い放ち、真弓を傷つけてしまう。

　エピソードタイトルは「友情の星よ永遠に」で、北斗と加島の物語に思えてしまうが、二人の友情に関しての掘り下げは浅く、実際は真弓の愛情が、孤独で屈折した加島を救う。本作にダン少年は登場せず、『ウルトラマンA』では、久しぶりに大人のドラマになった。

　こうして第三クールの終盤を迎えた『ウルトラマンA』だが、十二月に入って第二週目の「この超獣10,000ホーン？」の視聴率は十九．〇％で、久しぶりに二〇％を切ってしまう。「友情の星よ永遠に」は十八．三％とさらに下落。第三八話の「復活！ウルトラの父」は、ウルトラの父と南夕子の再登場というイベントを盛り込んでいたためか、二〇．八％を獲得するが、冬休みに入ると再び下降、以後は十％台半ばから後半を行き来し、二〇％台に復帰することはなかった。

第四部

慈愛の超人

田口から石堂の手に

『ウルトラマンA』が最終第四クールに突入すると、脚本の田口成光は、次回作『ウルトラマンタロウ』の準備のため、第四二話「神秘！怪獣ウーの復活」を最後に番組から離れる。田口に代わって、第四クールで事実上のメインライターを務めたのは石堂淑朗であった。そしてその影響で、番組はアニミズム色の強い内容に変容していく。その幕開けを告げたのが、第三八話「復活！ウルトラの父」だった。監督は山際永三で、田口成光が脚本を執筆した第三九話「セブンの命！エースの命！」と二本持ちである。そしてこの二本を完成させた後、山際も『ウルトラマンタロウ』の準備のため、番組を離れた。

「復活！ウルトラの父」の放送は十二月二二日ということで、クリスマスに合わせた内容だが、そこは石堂淑朗、一筋縄ではいかない発想のドラマとなった。

冒頭はクリスマスシーズンの街、香代子の買い物に北斗とダンが付き合わされている。彼女は春風園という養護施設の孤児達へ贈るクリスマスプレゼントを買っているのだ。

ロケ地は銀座、街の飾りはクリスマス一色に染まっている。山際の撮影台本に記されたスケジュールでは、撮影は二本持ちの最終日、十二月三日に行われている。十一日が「復活！ウルトラの父」、十五日が「セブンの命！エースの命！」のダビングだから、仕上げまでのスケジュールはかなりタイトだったことがわかる。なお、『ウルトラマンタロウ』第一話「ウルトラの母は太陽のように」は、一九七三（昭和四八）年一月二五日、お台場、新宿ロケからクランクインしている。

三人が春風園に来ると、玄関の前に発泡スチロール製の巨大な雪だるまが置かれている。園のゆかり先生（八代順子）は、朝、知らない人がクリスマスプレゼントだと置いていった物だと言う。

北斗達がプレゼントを配った後、子供達による劇が始まる。まず女の子（『シルバー仮面ジャイアント』で津山リカを演じた北村佳子）がお姫様の扮装で登場する。

「パパは戦争で死んじゃったし、ママは蒸発しちゃったし、お兄ちゃんもお姉ちゃんも東京に行っちゃったし、あたしだけ独りぼっち、一体どうしたらいいの？」

この劇中劇の台詞は石堂の脚本にはなく、山際が撮影台本の後ろのメモ部分に書き込んだものだ。つまり、山際の遊びである。

この日は午後六時半だというのに、外はまだ昼間のように明るかった（注一）。訝しんだゆかりが窓を開けて外を見ると、雪だるまが割れて中から超獣スノーギランが現れる（注二）。そしてスノーギランの発する怪光線は、人の視力を奪ってしまう恐ろしいものなのである。

北斗はエースに変身し、巨大化したスノーギランと戦うが、その強大な力の前に、遂に敗北する。

万事休す！　その時、春風園に現れたサンタクロース（玉川伊佐男）が立ち上がる。実はサンタの正体はウルトラの父だったのだ。父にエネルギーをもらったエースは、再びスノーギランに挑むのだった。

（注一）
脚本では、スチロール製の雪だるまが発光している設定。山際は〝雪だるまが夕日に輝いている〟とト書きを変更しているが、完成作品ではわかりづらい。

（注二）
クレジット上は「スノーギラン」だが、劇中では〝スノギラン〟と呼ばれる。脚本本文の表記は〝スノギラン〟だが、キャスト表では〝スノーギラン〟となっている。

スノーギランを操っていたのは、ナマハゲである。脚本のト書きには〝ナマハゲ……に似た奇怪な人物〟と指定されている。ナマハゲは秋田県男鹿半島周辺に残る伝承で、本エピソードに登場した祟り神のようなものではなく、本来は災いを祓う来訪神だ。

劇中、ナマハゲの正体は明らかにされないが、スノーギランを暴れさせたのは、ヤプールがのけぞってしまうのではないかと思えるくらい、個人的な（？）動機だった。

ナマハゲは言う。「この国に太古から住む八百万《やおよろず》の神々を祭らずに、異国の神を崇めて、クリスマスのサンタクロースなどと言っている奴らを、踏みつぶすのじゃ！　叩き壊せ！　殺しつくせ！　叩き斬れ！」

八百万の神々というくらいだから、クリスマスにしろサンタクロースにしろ、日本の神々は受け入れると思うのだが、ナマハゲ氏、そこのところを勘違いしている。

ナマハゲはウルトラの父の放った光線（ファザーショット）で倒され、司令塔を失ったスノーギランはエースに敗れる。事件は解決したが、さすがの父にも人々の目を治すことは出来なかった。そこでウルトラの父は宇宙から南夕子を呼び、彼女が発する光線で、人々は視力を取り戻したのだった。

南はトナカイの牽く橇《そり》に乗ってやって来る。ミニチュア部分は特撮班の担当だが、ウルトラの父と南のシーンは、人物がらみだから山際の担当で、撮影台本にはこのシーンのコンテが書かれている。

それにしてもウルトラの父から南夕子まで登場させるこのサービス精神。石堂流ファンタジーと言える本作は、最後まで視聴者を楽しませてくれる。なお、この回のウルトラの父は、魂だけの存在で、一種の霊体という設定である。

石堂　僕は、田舎の頃のイメージみたいなものを引きずっているからね。それが都会の人から見ればファンタジーになるかもしれないけど、ファンタジーを意識しているつもりはないですよ。僕は宗教段階じゃアニミストなんだよ。だからアニミズムでやるからみんなファンタジーに見えちゃうんだろうね。本来生きてないものを生きていると思うわけだから。そこにはミミズだって神さまだっているわけでしょう。それで昔ね、ミミズに小便するとオチンチン腫れるっていうから、ミミズが白くなるくらいジャージャーかけたら本当に腫れちゃったよ。（『帰ってきたウルトラマン大全』石堂淑朗インタビューより）

第三九話「セブンの命！　エースの命！」にはウルトラセブンが登場、ウルトラマンAはファイヤーモンスとファイヤー星人、二体の敵と戦う。ウルトラヒーロー対超獣とそれを操る敵というスタイルは、「復活！　ウルトラの父」と同様で、つまりこの二本は、冬休みの視聴率対策の特別編だった。視聴率はそれぞれ二〇・八％と十九・三％で、数字的には一応の成果を上げたと言える。

「セブンの命！　エースの命！」は、田口成光が得意とする二つの柱で成立している。すなわちヒーローの死と、家族を襲う悲劇だ。

梅津家に嬉しいニュースが飛び込んできた。死んだと思っていた叔父の三郎が、海外から帰国するというのだ。

ダンと一緒にアパートへ帰った北斗は、屋外階段の手すりに少年がぶら下がり、今にも落ちそうになっている光景を目にする(注三)。少年を助けるため、北斗は階段を昇ろうとするが、そのとき、男が駆け寄って手を握るよう叫んだ。間一髪！少年は二人が結んだ手の間に落下、一命を取り留めた。

男はダンの叔父、三郎だった。演じるのは悪役として名を馳せた片岡五郎。現在はお笑いコンビ「品川庄司」の品川祐の母、マダム路子と結婚している。

梅津姉弟は叔父の帰国を喜ぶが、実は三郎の正体は、ＴＡＣが超獣攻撃用に開発した新兵器シルバーシャークを破壊するため地球にやって来たファイヤー星人なのだ。

三郎は北斗に正体を見破られると貨物操車場へ逃げ出し、ファイヤーモンスを出現させる。ここは脚本上では、北斗とダンのアパートが見えるところだったのだが、三郎が逃げ出した後のシーンを操車場に変更し、画面に変化を持たせている。

山際　超獣が現れるところは、川崎の塩浜にあった貨物列車の操車場です。ここはロケで貸してくれるんで、何かというと使っていました。『帰ってきたウルトラマン』の「怪獣少年の復讐」もここですね。

(注三)
北斗と梅津姉弟は同じアパートに住んでいる。

北斗はエースに変身するが、ファイヤーモンスは、星人から渡された炎の剣でエースの胸を貫き、瀕死の重傷を負わせる。

この後エースは〝星の流れる大宇宙〟（脚本の表現）を漂う。そこにウルトラセブンが現れ、エースを励ます。

「エースよ！ 弟よ！ 負けるでないぞ。ウルトラの若い命はお前のものだ。こんなことで燃え尽きてはならん。弟よ、お前にはまだ地球でたくさんやらねばならないことがある。燃えるのだ！ お前の未来に向かって命の炎を燃やすのだ！ （そっとエースのカラータイマーに手を置き）一人で生きることは辛いことだ。だがくじけてはいけない。最後の最後まで頑張らねばならん。エースよ、お前にはウルトラの命があるのだ。エース、立て！」

セブンの励ましで、エースは再び命の炎を燃やし始める。すると、北斗を呼ぶダンの声がかすかに聞こえ、カットが変わるとそこは病室で、宇宙での出来事は夢か幻だったかのように描かれているところが面白い。

しかしそれは、今だからこそ言えることであり、当時の筆者は、ここからエースとセブンが共闘してファイヤーモンスを倒す展開を期待していたので、肩透かしを食らった気分であった。

ウルトラ兄弟という設定が公式となった『ウルトラマンA』では、兄弟の登場が多かったが、彼らが共闘して敵を倒すという展開は「大蟻超獣対ウルトラ兄弟」のエース、ゾフィー対アリブンタ、ギロン人戦があるくらいで、筆者はモヤモヤした感情を抱いていたことを覚えている。それは同じ頃、ライバルの『仮面ライダー』が一号、二号の共闘、いわゆるダブルライダーをシリーズの目玉として展開していたのとは対照的だった。

あの当時の子供達の気持ちとしては、ダブルライダーのように、ウルトラ兄弟でも〝ヒーロー同士が力を合わせて戦う〟展開を期待していたのだが、それが叶う機会は少なかった。当時を思い起こしてみて、それは子供達の期待を裏切ったと言ってもいい。橋本の言う、〝ウルトラ兄弟は成功しなかった〟とは、このことを指しているのかもしれない。

七三年最初の『ウルトラマンA』となった第四〇話「パンダを返して！」の脚本は田口成光、監督は番組初参加の鈴木俊継である。元々鈴木は東宝の大部屋俳優（鈴木孝次名義）で、のちテレビドラマの助監督に転身、円谷プロ入社後、『ウルトラマン』第三二話「果てしなき逆襲」、第三三話「禁じられた言葉」の二本持ちで監督としてデビューした人物だ。つまり満田稽同様、生粋の円谷プロ育ちで、『ミラーマン』終了後に『ウルトラマンA』に参加、以後は『トリプルファイター』『ファイヤーマン』『ジャンボーグA』と、円谷プロ特撮のもう一つの流れを形成した番組を担当し（注四）、同社を支え続けた。

「パンダを返して！」は、なぜか地球にパンダを盗みに来たスチール星人が登場する。星人はパンダと名の付くものは、本物（劇中では着ぐるみによって演じられた）もグッズも、何でもかんでも収集してしまう手癖の悪い奴で、人間態を演じた大村千吉の怪演が見ものである。

（注四）『トリプルファイター』は月曜から金曜日まで、毎回十分の帯番組だった。『ファイヤーマン』七三年一月七日〜七月三一日、日本テレビ系列。

思えば七二年は、九月の日中国交正常化を記念して、十月二八日、上野動物園にランラン、カンカンという雌雄二頭のジャイアントパンダが贈られ、日本をパンダブームが席巻した年だった。

冬の怪奇シリーズ

パンダブームに便乗した「パンダを返して！」に次いで、一月の目玉として始まったのが〝冬の怪奇シリーズ〟だった。第一弾は石堂淑朗脚本の「怪談！獅子太鼓」。監督は鈴木俊継である。

ダンの友人、新太の父（堺左千夫）は、どこかで拾ってきたカイマという神像に、一心不乱に祈っている。彼は獅子舞の名人だったが、今年は酔っ払いに「獅子舞なんてやめろ」と怒鳴られたばかりか、投げ飛ばされて足を怪我してしまったのだ。怒った父は、めでたい獅子舞を邪魔する世間の人々に罰を当ててもらおうと、カイマに祈っているのである。と、それに応えるかのように、カイマの目が不気味に光った。

一方新太（神田一郎）は、物置で父が使っていた獅子を見つけ、友達と超獣ごっこを始める。しかし獅子の仮面は新太の顔に張り付いたようになって、取れなくなってしまう。

友人のケンちゃんが父を呼んでくるが、獅子は目から怪光を発し父を洗脳する。獅子は巨大化して超獣シシゴランとなり、父の太鼓に誘導されて下町を破壊し始めた。
仮面が取れなくなるというのは、福井県に伝わる嫁威谷《よめおどしだに》の伝説（肉付き面）に想を得たのだろう。嫁の信心を止めさせようと、義理の母親が鬼の面を被って嫁を脅すが、なぜか面が取れなくなってしまったという伝承である。石堂は「怪談・牛神男」同様、その一点に着目して、本作を書き上げたのだろう。

石堂　僕はアニミズムのインファンテリズムで書いてますからね。理屈はないんだ。面白きゃいい。面白さを保証するものが何だというと、僕の中にある生の赤裸々性みたいなもの、それをキャッチできればいいということなんですよ。つまりテーマじゃなくて、ワンシーンが妙に具体性があって、それを軸に発展できるものが見つかったら一気に行くというスタイルです。テーマがどうのこうのと言われると嫌になっちゃう。具体性のあるワンシーンを活かすためにつじつま合わせをするということだね。（『帰ってきたウルトラマン大全』石堂淑朗インタビューより）

江東区の木場、東陽町付近を舞台に展開する物語で、内山五郎の撮影は、下町の風景を巧みに捉えている。特殊美術の井口昭彦の飾り込みも見事で、本編とのつながりはスムースだった。

井口　特殊美術のセットの飾りで気を遣うのは、怪獣が出てくるまでのワンカットです。そこにリアリズムが必要なんですね。『ウルトラマンA』や『ウルトラマンタロウ』は下町のセットが多かったんですが、そうなると小物作りに精を出して、それをいかにいい所に置くかが大切なんです。小物というのは、例えばアパートを作ったら、洗濯物が干してあるとか、そういうところまで作り込んでリアリティを出すんですよ。

無論、テレビですから飾り込みにも限界があります。例えば手前に大きい電柱を置いて、奥には小さめの電柱を置いて、つまりパースを付けてセットに奥行きを作るんですが、ニクロム線で電線を張るまでは出来ない。そこは電線があるんだと解釈するしかないんです。

それで格闘になったら、あとは助手に任せます。私は次の準備をしなければいけませんからね。でも格闘になっても、井口を呼んでこい、みたいなことがたびたびありましたが。

すでに記した通り、『ウルトラマンA』の特撮は東宝映像が円谷プロの下請けである。メインスタッフは東宝映像と東宝美術の特殊美術課で占められている。井口はフリーの言わば外様であり、映画が主の東宝スタッフにしてみれば〝円谷イコール単なるテレビ屋のデザイナー〟（井口の証言より）という立場だった。ときには現場でスタッフと喧嘩になり、二重（照明用の足場）から金槌（現場で言う〝なぐり〟）が落ちてきたこともあったという。しかしそれ以上に困ったのは、カメラマンとの連携だったようだ。

井口　テレビは映画と違って、カメラをあらかじめセッティングして、それを覗きながら飾り込むということが出来ません。ですからここにカメラが入ってくれればベストという位置を、あらかじめこちらで作って飾り込んでいくんですが、東宝のカメラマンは美術が作った位置に入らないんですね。

例えばパースを付けたセットだったりしたら、一目でここに入るということがわかるはずなんです。それを一メートルずれたところに持っていかれたら、パースを付けた意味が全然なくなる。ですからカメラをいい位置に引っ張っていったこともありましたよ。それはたかがテレビ屋とさげすむ以上に、カメラマンにその力が備わっていなかったんじゃないでしょうか。

続く二回も〝冬の怪奇シリーズ〟で、第四二話は「神秘！　怪獣ウーの復活」、第四三話は「怪談 雪男の叫び！」である。監督は『緊急指令10・4・10・10』で円谷プロ作品に初参加、番組のローテーション監督だった上野英隆（注二）。脚本はそれぞれ田口成光、石堂淑朗。前記のように「神秘！　怪獣ウーの復活」は、田口にとって『ウルトラマンA』最後の担当作品で、「決戦！　エース対郷秀樹」同様、過去のシリーズとのつながりを示したエピソードだった。

小雪（雨宮由美）は父親の良平（北川陽一郎）と、飯田村に住む祖父（小栗一也）に会うため、雪深い飯田峠を越えようとしていた。しかし良平は、突如現れた超獣アイスロンから小雪を守ろうとして谷底に転落してしまう。

（注一）
第三話「地底怪獣アルフォン」、第四話「人喰いカビ」から参加。

ウーは『ウルトラマン』第三〇話「まぼろしの雪山」に登場した人気怪獣だ。名脚本家、金城哲夫が創造したウーは、雪ん子と呼ばれる孤独な少女ゆきを見守るかのように出現する。その正体は雪女とも、ゆきの死んだ母親の化身とも言われているが、明らかではない。

本作でのウーは、再びアイスロンに襲われた小雪を守ろうと、良平の死体が突如立ち上がり、変身したものだ。二代目も初代と同じく出現地は飯田エリアであり、谷には冬になると〝飯田の神様〟と呼ばれる巨大な生き物が現れるという言い伝えがある。田口は身内の死というお得意のテーマで、自身の『ウルトラマンA』を締めくくった。

続く「怪談 雪男の叫び！」に登場するフブギララは、上越国際スキー場近くの山に二〇年以上住んでいる世捨て人、仙人男（大泉滉）に乗り移り実体化した超獣だ。

仙人男は、毛皮を着て髪がもじゃもじゃ、冬になると里に下りてきて悪さばかりするので、村人達に追われるが、足が速くて捕まえることが出来ない。

仙人男にしてみれば、なぜ自分が疎まれるのか理解出来ないらしく、スキー場を見下ろす丘の上で、村人達に災難を与えようと奇妙なまじないを始める。すると突如山の奥から発生した猛吹雪に包まれてしまい、フブギララと化す。

吉村は超獣の本体を獅子座第三星の生物と断言、この生物は雪や氷のある環境にしか住めないので、地球上に同じような環境を広げるために、その仙人の怨みと身体を利用したのだと推理する。

他人への怨みから、邪悪な存在が憑依するというのは「怪談！獅子太鼓」と同様で、石堂が好んで使用するパターンだ。

石堂　乗り移るっていうのは好きなんだ。やっぱり子供の頃、広島辺りでも土俗的な裏宗教のインチキ野郎がいっぱいいてね。僕の村に巡回して来たんだ。恐山のイタコみたいな真似をやるんだけど、嫌でね。次から次へいろんなのが乗り移るんだ。そこにいるとなんか暗雲たれ込めているようで、それが帰ると日常の光がフーッと射す。しかし人間というのはどこかにそういう部分があるんだということを、僕はインプットされているね。人間妙な場合、みんな乗り移られているって思うときがあるんだよ。（『帰ってきたウルトラマン大全』石堂淑朗インタビューより）

第四クールの十三本で、石堂淑朗が執筆したのは半数以上の八本にものぼる（うち一本は共作）。まさに『ウルトラマンA』が石堂色に染められたわけなのだが、氏の参加による番組の変化を、橋本洋二は『KODANSHA Official File Magazine ULTRAMAN VOL.5』で、次のように証言していた。

――石堂さんが『帰ってきたウルトラマン』に参加するまでは、橋本さんのお弟子さん筋が書かれていています。石堂さんがシリーズに参加することで、なにか影響はありましたか？

橋本　それまではまなじりを決してはちまき締めて書いたみたいなところがあるでしょう。ところが石堂さんが入って、あ、こういうのも有りなの？　という感じは出たし、非常によかったと思うんです。『ウルトラマンA』の牛の出てくるやつ（「怪談・牛神男」）なんか大好きですよ。正直、僕はこういったものに彼が向いているとは思わなかったんですが、読んでみるとまとまっている。ただ一回、戦いがないじゃないのか、と僕が言ったことがありますね。それは我々の間の戦いという意味ですよ。実は僕にだけ見せた原稿があったんです。ちょっと読んでみてくれ、というから読んだら、至極あっさり書いてあるしまとめてある。ひじょうに抽象的な言い方なんだけど、ウルトラマンのような設定と枠があるとすれば、石堂さんだったらバーッと書き流そうと思えば書き流せるんですよ。だけどやっぱり自分の主張というか、自分の個性がにじみ出てこないと面白くないでしょう。僕にしてみれば、誰でも書けるものをあの人が書いても面白くないんだよね。やっぱり石堂さんが書くとちょっと違うな、というものがないと僕自身も納得できない。だからそういうものがあればそれでいいんです。あとは現場でもって作り上げてくれればいい。だからこそ、戦いがない、ということを言ったんですが、結果として言えば石堂さんの書いたものは完成度があったと思います。

そしてシリーズ後半に向かい、石堂は様々な可能性を『ウルトラマンA』で試していく。

なお、梅津姉弟は「怪談　雪男の叫び！」を最後に姿を消す。とはいえ南のように、北斗の前からいなくなったわけではなく、作品世界で二人は存在しているという設定なのだろう。
二人が降板した理由は明らかでないが、山田歩は『僕らのウルトラマンA』（辰巳出版刊）の『ウルトラ5番目の兄と6番目の弟～「ウルトラ兄弟」と「ウルトラの星」の意味～』という文章の脚注で、〝おそらく、第43話製作と前後して、次回作『ウルトラマンT』の製作が決定したのではないだろうか。タロウがウルトラ6番目の弟としてデビューするに当たって、ダンの設定が不都合になってきたのだと推測できる〟と考察しているが、それは正しいと思う。

田口成光の「神秘！怪獣ウーの復活」と石堂淑朗の「怪談 雪男の叫び！」の決定稿の印刷は七二年十二月六日である。『ウルトラマンタロウ』DVD第二巻のライナーノーツには、番組の打ち合わせは七二年の秋から行われていた、との記述がある。事実、熊谷健が『ウルトラマンA』のプロデューサーとしてクレジットされたのは、第三三話「あの気球船を撃て！」が最後で、第三四話「海の虹に超獣が踊る」からは、番組の制作担当だった伊藤久夫が昇格している。「あの気球船を撃て！」の決定稿の印刷は九月二五日、「空と海に超獣が踊る」（「海の虹に超獣が踊る」の決定稿タイトル）は十月七日である。つまり熊谷が、TBSとの次回作の打ち合わせに入ったタイミングがこの時期なのだ。しかし企画書が作成されるなど、準備が本格化するのは『ウルトラマンA』同様、十一月から十二月にかけてであっただろう。それは『ウルトラマンタロウ』でメインライターを務めた田口成光の降板時期、次回作の第一話脚本印刷時期を検証すればある程度推測出来る（注二）。

（注二）
『帰ってきたウルトラマン』最終企画書『特撮怪獣シリーズ 帰って来たウルトラマン』の印刷は七〇年十二月十九日、第一話準備稿『不死鳥《フェニックス》の男』の印刷は七一年一月十三日。『ウルトラA』第一話準備稿「緑の星に生まれた子よ！」の印刷は七二年一月二七日。『ウルトラマンタロウ』第一話決定稿「ウルトラの母は太陽のように」の印刷は七三年一月十六日。

「怪談 雪男の叫び！」の準備稿は十一月の後半か、十二月の頭には仕上がっていたはずである。従って梅津姉弟の出番はこのエピソードで最後ということが、遅くとも十二月の頭には決定していたということになる。それは、後番組の企画が具体化する時期とちょうど重なる。

なお、印刷時期は不明だが、『ウルトラマンタロウ』の最初の企画案、『円谷プロ創立10周年記念企画案 空想特撮シリーズ ウルトラマンジャック』の巻頭には、「ウルトラマンジャックとは十一の能力を持ったウルトラ六番目の弟の物語である」と記されている。

バラエティに富んだ二月

第四四話「節分怪談！ 光る豆」は節分の前日、二月二日の放送。つまり季節ネタである。脚本は石森史郎、監督は筧正典。

超獣オニデビルは、北斗が買ってきた節分の豆に電撃を放ち、一部を赤い豆に変える。それを食べた北斗、今野、そして空手部の青年、一郎（小池正史）の筋肉は弾力を失い、細胞が死んだようになってしまう。北斗はエースに変身するが、いつもの力が出せず、オニデビルに敗北してしまう。エースの危機を知ったウルトラセブンは、M78星雲に弟を呼び、ウルトラ・カプセル（脚本での表記）で治療を施す。

本エピソードは、梅津姉弟が消えた影響で、ドラマ構成がさらにシンプルになった。つまり、田口成光が執筆した企画書『ウルトラV』から、共通の敵をなくした設定に近く、ある意味、『ウルトラマンA』という番組の、本来の形だったのかもしれない。

なお、準備稿のタイトルは「節分の豆を食べるな」だった。この稿にウルトラセブンは登場せず、北斗は地獄谷に行き、ぐつぐつ煮えたぎっている泥をすくい上げて身体に塗るという荒療治を行う。しかし子供が真似をすると危険と判断され、シーンが削除されたのではないだろうか。結果、ウルトラの星（劇中の台詞では〝M78星雲〟）が初めて映像化されるという幸運が生まれたのだ。

冒頭、北斗は敬愛園という養護施設を訪れるが、その先生を演じたのはブレイク前の中田喜子。円谷プロ作品には、『ミラーマン』第四三話「打倒！ 異次元幽霊怪獣ゴースト」に続く二度目の出演で、『ウルトラマンタロウ』第二二話「子連れ怪獣の怒り！」にも顔を出している。

第四五話「大ピンチ！ エースを救え！」から第四七話「山椒魚の呪い！」までの三本は、石堂淑朗が連続して脚本を執筆、それぞれ方向性の異なる内容で、ファンの目を楽しませてくれた。

「大ピンチ！ エースを救え！」は超獣の生態にスポットを当てた好編で、監督は筧正典。人工衛星ジュピター2号が行方不明になった。ある夜、天文マニアのユタカ少年（石井秀人）が地上に落下してくるジュピター2号を目撃、真っ赤に燃えたそれは父（小高まさる）が守衛を務める特殊ガス社の敷地内に落下、ガスタンクに姿を変えた。

TACの調べで、そのガスタンクは超獣の巣であることが判明。超獣は、ジュピター2号をガスタンクに変え、その中に卵を産み付けたのだ。安全確保のため、北斗はタンクからガスを抜くことを提案し、早速作業が開始されるが、卵は逆にそのガスを吸い込んでしまう。TACはガスタンクを攻撃するが、遂に超獣ガスゲゴンが誕生してしまったのだ。

第四六話「タイムマシンを乗り越えろ!」、第四七話「山椒魚の呪い!」は古川卓己の二本持ち。「タイムマシンを乗り越えろ!」には時空を行き来する超獣ダイダラホーシが登場する。

AQ地点に、突如超獣ダイダラホーシが出現した。TACが攻撃を仕掛けると、ダイダラホーシは慌てて逃げ出し、足窪村で姿を消す。その直後、今度は足窪村から一〇〇キロも離れたDX地点に出現した。再びTACが攻撃すると、やはり足窪村に逃げて姿を消した。しかもそのとき、吉村と美川の乗ったタックスペースが、ダイダラホーシに接近していたため、二人も超獣とともに消えてしまったのである(注一)。

実は足窪村の上空には時空の歪みがあり、ダイダラホーシは過去と現在を行き来していたのだ。竜と北斗は二人を助けるため、三たび登場したダイダラホーシにタックスペースからワイヤーを撃ち込み、過去にタイムスリップする。

ダイダラホーシが逃げ込んだ過去は奈良時代で、黄金色に輝く大仏の開眼式が行われようとしていた。赤鬼に勘違いされて捕まった吉村と美川は、開眼式の人身御供として火あぶり

(注一)
脚本ではダイダラゴンという名前だが、村人達は超獣のことをダイダラホーシと言っている。

にされようとしていた。

TACとウルトラマンAが、奈良時代で超獣と戦うというアイディアが素晴らしい。『ウルトラマンA』後半の作品で、筆者が気に入っているエピソードの一本である。

伝説上のダイダラホーシは、ダイダラボッチとも言われている巨人で、日本各地に伝承が残されている。劇中でも北斗が「富士山を一晩で作ったとか、榛名山に腰掛けて、利根川で爪を洗ったとかいう伝説上の巨人だよ」と説明する。ウルトラマン商店街（注二）のある小田急線祖師《そし》ヶ谷《がや》大蔵駅から新宿方面に向かって五つ目に世田谷代田《だいた》駅があるが、この〝代田〟という地名は、ダイダラボッチに由来するという伝承が残っている。

ダイダラホーシは、タイムスリップの能力を持っているわけではなく、足窪村上空に発生した時空の歪みに逃げ込んでいるだけだ。歪みが生じた理由は劇中明らかにされないが、『ウルトラシリーズ・サブキャラ大事典』で、著者の小河原一博は〝奈良時代の足窪村近くは、噴火など天変地異がおきており、何らかの超常現象によって時空の裂け目ができた可能性が高い〟と推測している。

石堂淑朗は『帰ってきたウルトラマン大全』のインタビューの際、〝自分は張り手で押していく作風〟と語っていたが、本エピソードでも時空の裂け目が出来た原因の説明を一切省略している。まさに張り手であるし、それは結局、石堂がSFを書く脚本家ではなかったということだろうが、ドラマ的には傷になっていないところに、氏の確かな作劇テクニックがある。

（注二）円谷プロ創業地の近隣である。

「山椒魚の呪い！」は石堂淑朗と劇作家の山元清多《きよかず》の共作。山元は、円谷プロに縁の深い俳優、岸田森、草野大悟が所属していた六月劇場の出身で、『帰ってきたウルトラマン』では第三五話「残酷！光怪獣プリズ魔」を執筆したという（注三）。

天空がにわかにかき曇ると、日原《ひのはら》村（決定稿での表記）（注四）に突如、超獣ハンザギランが現れた。TACはすぐさま出撃するが、現場に到着したとき、超獣は姿を消していた。生き残った村人達の話では、その超獣はオオサンショウウオに似ていたという。

その頃、上空をタックスペースで飛行していた山中と今野は、北斗達がいるところから北に三キロほどの地点に洞窟があるのを発見、北斗、吉村、美川は、パンサーで洞窟に向かう。途中、三人は超獣が暴れたらしい荒れ地で、倒れていた少女、坂上サユリ（西村ひろみ）を助ける。サユリは辺りが急に真っ暗になり、その後の記憶はないと言い、超獣も目撃していなかった。

サユリは件の洞窟に祖父（巌金四郎）と二人きりで住んでいた。二人は庄兵衛という、白いオオサンショウウオを飼っている（注五）。坂上は、農薬汚染で絶滅寸前のオオサンショウウオを、私財をなげうって保護していたが、結局は全滅してしまった。坂上はそのため村八分に遭い、今では村人達を恨んで生きる、偏屈な老人に変貌していた。そして、村が超獣に襲われたのは滅んだオオサンショウウオの呪いだ、因果応報だと不気味に笑うのだった。

本作の脚本タイトルは「超獣を閉じ込めろ！」であり、準備稿と決定稿の現存が確認されている。印刷はそれぞれ七三年一月十三日と十六日。準備稿は石堂淑朗の単独執筆であり、

（注三）
『岸田森 夭逝の天才俳優・全記録』（武井崇著、洋泉社刊）所収の山元の証言では、岸田のアイディアを二人で膨らませて山元が執筆し、岸田のペンネーム「朱川審」名義で提出したとのことである。

（注四）
準備稿では〝日原の村〟である。

（注五）
庄兵衛は準備稿、決定稿とも人間くらいの大きさがあり、鎖でつながれている。つまり着ぐるみを想定して書かれている。しかし実際の映像では、実物大に近いオオサンショウウオの作り物が使用された。

決定稿で山元清多の手が入る。なぜ脚本が石堂の手を離れたのだろう? 石堂はこの後、市川森一のシリーズ復帰作となった第四八話「ベロクロンの復讐」を挟んで、第四九話「空飛ぶクラゲ」から第五一話「命を吸う音」まで連続三本の脚本を執筆しており、その準備のために改稿を山元に託したのだろうか。

しかし、準備稿と決定稿を比べると、四分の一程度の修正であり、石堂がそのまま担当しても問題はなかったように思う。何らかの不測の事態が起き、ピンチヒッターとして山元が起用されたのかもしれない。

準備稿では北斗達がサユリを助ける描写はなく、庄兵衛を笛で操れるという設定は、翌日、老人とサユリがオオサンショウウオを外へ連れ出したときに明らかになる。決定稿では、北斗達が洞窟を訪れたとき、サユリは自分達が吹く笛で庄兵衛は何でも言うことを聞くと説明する。

全体的に決定稿では、祖父の性格が石堂稿よりファナティックになっている。しかし彼の性格が歪んだのは、準備稿では村人からお金を借りたためとしか説明されないのに対し、山元稿では前記の通り、オオサンショウウオの保護のため私財をなげうち、それでも足りないので村人から借金をしたという理由付けがなされている。そしてサユリの存在がクローズアップされ、彼女の優しさが偏屈な祖父に対するバランサーとして機能している。

つまり山元は、石堂稿の香りを継承しつつ、構成を整理してより締まったものにするという巧みな改稿を行ったのである。

ヤプールの怨念

第四八話「ベロクロンの復讐」と第四九話「空飛ぶクラゲ」は、岡村精とともに本編のチーフ助監督を担当していた菊池昭康の監督昇進作だった。「ベロクロンの復讐」での菊池演出は、鬼気迫る冴えを見せており、シリーズにまた一本、異色作が生まれた。脚本は第十四話「銀河に散った5つの星」以来の登板となる市川森一だった。

その日、タックスペースで宇宙をパトロール中だった北斗は、宇宙を浮遊する無数のシャボン玉に遭遇する。と、中には巨大な水球があり、ベロクロンが待ち構えているではないか！（注一）北斗はいつの間にかエースに変身しており、靄が漂う不思議な空間でベロクロンと戦う。そこに女ヤプールの声が響き渡った。

「恨めしや、ウルトラマンAよ……。たとえこの身が地獄に堕ちようとも……、ヤプールの怨み晴らすまでは、幾たびとも甦らずにおくものか……。復讐しろ、ベロクロン！　エースを地獄に引きずり込め！　ヤプールの仲間達が待っている地獄へ！」

ベロクロンの口から発射されたミサイルがエースを襲う。苦しそうに左頬を押さえるエース。女ヤプールの高笑いが不気味に響き、鬼女のような顔が暗闇で笑っている。

そこで北斗は我に返った。タックスペースは山中が操縦しており、北斗は夢を見ていたら

（注一）クレジットではベロクロン二世だが、脚本はベロクロンと表記されており、劇中でもそう呼ばれる。

しい。北斗はベロクロンの夢を見たと山中に言い、そしてポツリと呟く。

「ベロクロンが……、復讐に来たんです」

市川森一お得意の〝地獄〟〝復讐〟というキーワードが登場。生者のいない宇宙の暗黒で、ヤプールの陰謀が渦巻き、北斗はその悪夢に取り込まれていく。

間もなく地球というとき、北斗の歯が痛み出した。今まで虫歯になったことがないのに、左の奥歯にいつの間にか大きな穴が空いてしまっていたのだ。

地球に帰った北斗は、そのままB地区のパトロールに出かけるが、ある地点でまた、歯痛に見舞われた。竜隊長は近くの歯医者で治療するよう、北斗に命令する。

偶然、近くに〝Q歯科医院〟という看板(注二)を見つけた北斗は、タックパンサーを降りて、その古ぼけたビルに入っていく(注三)。旧式のエレベーターの蛇腹式扉が、不安をかき立てるような音を立てて閉まる。

廃墟のようなビルの一室に、Q歯科医院はあった。そこには待合室も何もなく、鉄格子がはまった窓の他、時代遅れの治療椅子が一台、ポツンとあるだけだった。白いカーテンを開けて出てきた女性の歯科医は、北斗の口の中を確かめた後、痛み止めの薬を虫歯に詰める。

本エピソードは現実とも夢ともつかない奇妙な浮遊感に支配されており、それは冒頭のシーンですでに視聴者に強い印象を与えている。そしてQ歯科医院のシーン、ト書きには、北斗がビルの中に入った後〝このあたりから妖鬼漂うムード〟とある。続く歯科医院の中は〝部屋の中は、いきなり広い治療室となっており、待合室も受付けもなく、不要の飾りなど

(注二)脚本では星野歯科医院で、ビルの四階にあるが、本編では〝Q歯科医院 星野ビル三階〟という看板。

(注三)内幸町にあった東洋拓殖ビル。

何一つなく、四方は崩れかけた壁に囲まれ、窓側にはシャッターが下ろされている。その中央に、たった一台だけ、不気味にセットされている白い治療椅子と治療道具。誰もいない。ゲゲゲの鬼太郎にでも出てきそうな、なにやら寒々としたムードの治療室である〃と指定されている。

つまり市川は、シャッターが下りた状態の人工照明で、部屋の異様さを表現したかったようだが、菊池は逆に窓の明かりを活かし、床に鉄格子の影を作り込んでいる。歯科医が出てくる白いカーテンのある壁は、上方が傾斜しており、あたかもドイツ表現主義（注四）のセットを思わせるアブストラクトな治療室で、空間の異様さが強調されていた。

歯科医を演じたのは、宝塚出身の高毬子。スレンダーな美女であるが、本作では台詞の抑揚を抑え、能面のような表情で北斗に接する。また、医院の壁には能面が飾られている。能面は監督の意図するところであるが、それについては後述する。

Q歯科医院で治療を受けた後、北斗の様子がおかしくなる。タックパンサーを運転していた北斗は耳鳴りを覚え、視界が歪み出す。そしてビル街にベロクロンが現れたのを見る。北斗は早速本部へ連絡するが、レーダーに超獣出現の兆候はなく、モニターの映像にもベロクロンの姿はなかった。

それはベロクロンの幻だったのだが、北斗は気づかず、白昼のビル街でタックガンを乱射してしまう。

菊池は北斗の錯乱状態を、広角レンズと手持ちカメラを多用して描いていて、まるで、真

（注四）
一九二〇年代に最盛期を迎えた芸術運動。その映画における代表作の一本、ロベルト・ヴィーネの『カリガリ博士』（二〇年）は、歪んだセットで登場人物達の不安な心理を表現した。

船禎の監督作品を見ているような錯覚を起こさせる。

この一件で北斗は謹慎処分となり、銃を置いて作戦室を出る。北斗は自分が見たベロクロンは幻覚だったのではないかと考え始めていた。だとしたらその原因は何か？　北斗はふと、あの歯科医院が怪しいのではないかと思いつく。そこでパンサーで再び医院へ向かうが、その前に再びベロクロンが現れた。

北斗はまた幻覚だと考え、ベロクロンに向かって歩き出す。だが、それは本物だった。女ヤプールは、北斗の精神を混乱させて、エースに変身する前に倒そうとしたのだ。しかし、ベロクロンの攻撃で吹き飛ばされた北斗の口から何かが飛び出す。それは、歯科医院で薬と偽って詰められた銀色のカプセルだった。ことの次第を理解した彼はエースに変身する。

ベロクロンは倒され、北斗は再びQ歯科医院にやって来る。北斗はカプセルを歯科医に投げると、「今日はあなたの正体を、はっきり見届けたいと思ってね」と言う。すると彼女は、いつの間にか能面を着け、白装束を着ている。北斗は銃で能面を割る。怪女（脚本では歯科医の怪女と指定）の姿に変化した女ヤプールは、北斗に向かって呪詛の言葉を吐く。

「そうだ、お前は勝った……。勝った者は生き残り……、負けた者は地獄へ堕ちる……。しかし……、これだけは覚えておくがいい……。勝った者は常に負けた者達の怨みと怨念を背負って生き続けているのだ……。それが戦って生き残っていく者の定めだ！」

脚本で歯科医は顔にマスクを着けたまま登場する。北斗のタックガンがマスクを弾き飛ばし、その下の正体を見せる。彼女の口は耳まで裂けており、それを隠すためにマスクを着けていたのである。

しかし監督の菊池は、歯科医を一旦白装束の能面姿にしたあとで、面を割る。つまりワンクッション置いているわけだが、そこには明確な意図があると思う。ヤプールの生き残りである女ヤプールは、死んでいった多くの仲間を象徴する存在でもある。つまり菊池は、歯科医を、ヤプール全体を示す象徴化、あるいは記号化するために、能面を使用したのではないだろうか。無論、見た目の恐ろしさの効果も含めてだが。

市川自身は、本作についてあまり多くのことを語っていないが、「市川森一ウルトラシリーズを語る」の中に、わずかに触れた部分がある。しかしそれも〝『ベロクロンの復讐』はシナリオの本数がたらないという理由で、助っ人気分で書いた記憶があります〟とあるだけだから、さほど思い入れのない脚本だったのだろう。

確かに本エピソードには、他の市川作品に見られる〝ひねり〟や〝コク〟が不足しているようである。北斗が幻覚を見て街でタックガンをぶっ放す辺りまではいかにも市川らしい展開なのだが、その後はやや平板となる。しかしそれでも「ベロクロンの復讐」が、記憶に残る作品となったのは、本文で引用した冒頭とラストの女ヤプールの台詞にテーマが集約されていることと、なによりQ歯科医院のシーンなどに見られる菊池昭康の攻めた演出のおかげだったのではないだろうか。事実、筆者が小学校時代に見た『ウルトラマンA』で、最も印象的だったのは、本エピソードにおけるQ歯科医院のシーンだった。

最終回に向けて

この章では最終回前までの三本の石堂淑朗脚本作品を紹介する。第四九話「空飛ぶクラゲ」は、前記の通り菊池昭康監督の二本持ち。

水瓶座第三星から、地球を植民地にするため水瓶超獣アクエリウスが派遣されてきた。アクエリウスは、水瓶を持った巫女のような若い女（広瀬隆子）に化け、地上に降り立った。

翌日、アクエリウスが降り立ったTC地点で軽飛行機が墜落する事故が起こった。報せを受けた北斗、今野、吉村はタックファルコンで現場に向かう。しかし村の上空に発生した黒雲から、クラゲのような怪生物が現れ、触手でからめ取ってファルコンを墜落させる。それはアクエリウスの乗ってきた宇宙船のエネルギーを確保するため、放たれたユニバーラゲスだった（注一）。

北斗達は脱出するが、熊吉（高松しげお）以下、村人達（畠山麦、柳亭小痴楽他）の前に現れたアクエリウスは、雲の中には神がいて、自分は神の使いだと告げる。そして、村人達にTACの三人を捕まえるよう命令する。異常な現象を起こして恐怖心を煽り、彼らを意のままに操ることがアクエリウスの狙いなのだ。

「逆転！ゾフィ只今参上」同様、侵略者に操られる人々を描いている。村人達がアクエリウスの歌を唄いながら、彼女の後に従うシーンは、オウム真理教などのカルト教団を思わせ、

（注一）
劇中、ユニバーラゲスという名称は使われない。超獣のタイトルクレジットも、アクエリウスだけである。

本放送当時よりもその恐怖は身近に感じられるかもしれない。

しかしアクエリウスはヤプールほど巧みに人間を洗脳したわけではないようで、竜と美川の乗るタックスペースがジェット噴流で黒雲を散らし、中から宇宙船が現れるとみな正気に戻る。

真船禎は子供の頃、自分が受けた洗脳というトラウマを『ウルトラマンA』という土壌で作品として結実させた。しかし石堂の場合、洗脳の恐ろしさをテーマにしたわけではなく、宗教、あるいは信仰というもののインチキ臭さを感じ取り、それをテーマに一本仕上げたという印象がある。それゆえか菊池の演出は、洗脳された村人達を極めて喜劇的に描いていたし、村人達も演芸畑や喜劇的要素を持った俳優がキャスティングされている。

特殊技術は田渕吉男。闘いに敗れたアクエリウスは、絶命後、エースになぜか土葬される。その後、エースは跪《ひざまず》いて墓を拝み、空に飛び去る。偽物の神の使いが、これで仏になったという意味だろうか？「黒い蟹の呪い」や「ベロクロンの復讐」で、殺陣に相撲を取り入れたように、田渕の演出はしばしば本編と調和せず、作品の一体性を損なう結果になってしまっている。

第五〇話「東京大混乱！ 狂った信号」は、監督、特殊技術ともに新人の担当となった。本編監督の深沢清澄は、『緊急指令10・4・10・10』の第十六話「原始人バラバ」、第十七話「妖怪ねずみ地獄」でデビューしており（注二）、『ウルトラマンA』の特撮部チーフ助監督を担当していた神沢信一は、本エピソードが監督昇進作だった。

（注二）放送日はそれぞれ七二年十月十六日、二三日。

早朝、北斗と山中は、タックパンサーで都内をパトロール中だった。と、とある十字路で信号を無視した八百屋の軽トラックが、パンサーに突っ込み、二台は衝突事故を起こしてしまった。

軽トラを運転していたのは小川ユキ（笛真弓）という若い女性で、不思議なことに信号を守らず突っ込んで来たのは、パンサーの方だと主張した。

小川ユキを演じた笛真弓は、円谷プロ制作の『トリプルファイター』で、ヒロインのユリ（オレンジファイター）を演じていた。威勢のいい八百屋の経営者で、市場帰りで深緑色の帽子と上着を着用しているが、それが実に様になっている（注三）。

やがて警察がやって来るが、警官達はＴＡＣの言葉を信じ、信号無視をしたのはユキだと断定してしまう。石堂脚本には、権力への不信感、憎悪がにじみ出ることが多いが、このシーンの警官の態度にもそれを見ることが出来る。

ユキの運転は慎重で、とても事故を起こすようには思えなかった。彼女は二人の弟を女手一つで育てていて、もし免許停止になれば八百屋を閉めなければならないかもしれないと、北斗と山中に言う。

そのとき、ＶＸ地点の上空に異変が起き、直後に美川から連絡が入った。都内ほとんどの信号が滅茶苦茶に動いて、衝突事故が多発しているという。それは東京占拠を企むレボール星人の仕業だった。星人は彼らの守護神シグナリオンを上空に出現させ、東京から立ち去れ、と都民を脅迫する。

（注三）第五〇話で、なぜか笛真弓はノンクレジット。その代わり、出演していない荒巻啓子がクレジットされている。

日本征服や地球征服ではなく、首都東京の制圧だ。確かに政治、文化、経済が一極集中している東京さえ手中に収めれば、都民は星人の理不尽な要求を飲まざるを得ないだろう。その意味でレボール星人の作戦はリアルだ。

深沢清澄、神沢信一、二人の新人監督の手腕は確かである。アクション演出に冴えを見せた深沢は、このあと円谷プロ作品に深く関わり、同社の中核をなす監督に成長していく。一方の神沢は、切れのいいカッティングの特技監督としてファンの注目を集めていく。とくに『ウルトラマン80』第四四話「激ファイト！ 80VSウルトラセブン」での緻密な特技演出は伝説となった。また『ウルトラセブン誕生30周年記念3部作』（九八年）では、脚本、監督、特撮監督の三役を務めた才人である。

井口　神沢さんは、画を描ける監督です。ですから画作りのイメージというものは、常にしっかりあったと思いますね。

第五一話「命を吸う音」と最終第五二話「明日のエースは君だ！」は筧正典監督の二本持ち。最終回については次の章で詳しく述べるので、ここでは「命を吸う音」について取り上げたい。

小学生の北沢春夫（田中秀門）は、少年野球のピッチャー兼四番バッターで、プロ野球選手になることを夢見ている。だが、春夫の死んだ父は天才的なバイオリニストで、〝息子を立派なバイオリニストにしろ〟と遺言を残していた。母（蔵悦子）はそれを実現しようと、嫌がる春夫をバイオリン教室に通わせている（注四）。

しかし練習に行きたくない春夫は、バイオリンをケースごと地面に叩きつける。そのショックで蓋が開くと、なぜか天から一筋の雷光が降り注ぎ、バイオリンを直撃した。するとバイオリンと弓が宙に浮き上がって、春夫の手元に。春夫がそれを弾いてみると、素晴らしい音楽を奏でた（注五）。しかしその後、春夫は生気を抜かれたように地面に座り込んでしまう。

バイオリンには超獣ギーゴンが乗り移ってしまったのだ。そしてギーゴンは、美しいバイオリンの音色で、人間の生気（活力や魂）を吸い取ってドンドン巨大化していくのである。

「あの気球船を撃て！」に登場したバッドバアロン同様、人間の生気を吸い取る超獣が登場する。バッドバアロンは、宇宙生物が気球に化けていたのに対し、ギーゴンの正体は不明。取り憑いたのがたまたまバイオリンであったため、バイオリン超獣となってしまったのだろう。そのボディはバイオリンそのもので、ネックの部分に顔があり、胴には太い弦が四本張られている異様な超獣である。石堂淑朗はクラシック音楽に造詣が深く、バイオリン演奏が趣味だったという。ギーゴンは自身の趣味を超獣化したキャラクターだったのである。

なぜバイオリンに超獣が取り憑いたのか、劇中で明確に語られることはないが、そこには春夫の母親の存在が、大きく関わっていることがわかる。母親は天才的なバイオリニストと言われた亡夫を思うあまり、春夫の意思を無視してバイオリンを習わせる。彼女にとって唯一の願望は、春夫を一流のバイオリニストにすることなのだ。それにはまず高い楽器を与え

（注四）内山音楽教室の先生を演じたのは、『ウルトラマンA』の劇伴を担当した冬木透。ノンクレジットのカメオ出演だった。

（注五）劇中で流れるバイオリン曲は、バッハの「無伴奏バイオリンのためのパルティータ第三番プレリュード」である。

ることと彼女は考え、教室の生徒の中で一番高いバイオリンを春夫に与える。

そしてドラマの進行に従って、彼女の関心は美しい音を出すバイオリン自体へと移っていく。

北斗は飛び去った謎のバイオリンを追いかけようとするが、春夫の母親もついていくと言って聞かない。高いバイオリンに、傷でも付けられちゃ困るというのが、彼女の言い分だ。

美川は、春夫と一緒に病院に行くべきだと言うが、彼女は、

「いいえ、春夫は大丈夫です……。立派なバイオリニストになる子は……、バイオリンをなくしてそのまま帰るなんて、許されませんからね」

と主張し、結局春夫と一緒にパンサーに乗り込む。パンサーには春夫の知り合いの女の子も同乗していて、その子が、春夫があのバイオリンで急に上手に弾いた、と言うと彼女の目の色が変わってしまう。ここで母親の興味は、春夫の成長ではなく、上手く弾ける楽器を与えることに変化する。

とある公園に、コントラバスのサイズまで大きくなったバイオリンが降りてきて、それを近くにいた少年が弾き始める。北斗は、少年が楽器から離れたときに破壊しようとするが、母親は北斗からタックガンを奪って妨害する。

「あれなら……春夫は上手に弾けるんだわ！　お父さんの志を継いで……、立派な……バイオリニストになれるんだわ」

もはや彼女は妄執に取り憑かれてしまっている。その後、バイオリンが上空に舞い上がり、

勝手に曲を奏で始めると、母親だけは空を見上げ、「ああ、なんて素晴らしい音楽でしょう」と恍惚の表情を浮かべる。ここで母親の精神はギーゴンと完全に一体化したと考えていいだろう（もっとも、彼女も生気を吸われてしまうが）。

北斗がエースに変身し、ギーゴンの弦を切断していくと、母親は胸を押さえて苦しむ。ちょうど、ヤプールに魂を売った久里虫太郎が、ガランが傷つくと同時に、自身も傷ついていったように。そして超獣が倒され人々が回復しても、母親は放心状態のままであった。事件が終わり、北斗と竜が語る。

「バイオリンなんか嫌だという春夫君の心が……、超獣を呼んだんですね」

「うん……。それに……あくまでバイオリニストにしようとするお母さんの執念が……、超獣にエネルギーを与えたんだろうなあ」

春夫のバイオリンには、それを憎む少年の念と、亡夫の夢を叶えたいという母親の念、その二つが取り憑いていたのではないだろうか。本エピソードはシリーズを代表する傑作というわけではなく、あくまで異色作に留まっているが、石堂作品の特徴的なテーマである人間の暗黒面が濃厚に出た一本であることは間違いない。

『ウルトラマンA』の後半戦を支えた石堂に関して、橋本洋二は『KODANSHA Official File Magazine ULTRAMAN VOL.5』で、以下のように証言している。

橋本　『ウルトラマンA』の後半というのは彼の完成度ですからね。実際問題として『ウルトラマンA』というのは、ウルトラの父を出すまではひとつのイベントとして作り上げてくることはできたんだけど、さてこれからどうやるかというときに、脚本家にどういうようなアプローチをしたらいいのかというのを、本当は自信がなくなってきていたんですよ。それで『ウルトラマンA』の後半に、石堂さんが何回も書くでしょう。彼としては書けるものが見つかったという具合にずっと書いていく。それを他の作家やスタッフが見るわけじゃないですか。すると、あ、これも有りなの、これでいいの、という解放感があったと思うんですよ。それは熊ちゃんにしろそうだし、石堂さんにしろ、これでいいのか、じゃあまだいくらでも書けるよ、みたいな部分があったと思います。監督にしてみても、自分の持っているロマンみたいなものが彼のホンによって探すことができたのだと思います。（中略）それで1年間52本やり抜けたしね。局としてはウルトラの父の登場でまた来年もやることになったんだよ。そういう意味では後半は面白い展開というか、幸福な状態で終われたということですね。

石堂淑朗は次回作『ウルトラマンタロウ』でも健筆を揮うが、自身が得意とするおとぎ話的発想と番組の内容がマッチし、数々の傑作、異色作を生んでいくのである。

慈愛の超人

『ウルトラマンA』の最終回、第五二話「明日のエースは君だ!」の脚本は、「ベロクロンの復讐」に続いて、番組初期のメインライター市川森一の担当。本作を書き上げるまで多くの葛藤があったことは、この後紹介する橋本洋二の証言を見ても明らかだ。それも当然であろう。ヤプールはすでに滅び、市川が『ウルトラマンA』で最もこだわった男女合体変身という設定は解体されてしまった。市川にとって、エースはもはや〝完全なる超人〟ではなかったのだ。

しかしプロデューサーの橋本は、市川が最終回を書くことにこだわった。それは『帰ってきたウルトラマン』の「怪獣使いと少年」を巡るトラブルで、上原正三が降板した後、同作の最終回(第五一話「ウルトラ5つの誓い」)だけ担当させた事実に似ている。

橋本　『ウルトラマンA』の最後は、自分で落とし前を付けなさい、と三ヶ月くらい前から市川さんに言っていたんです。彼の考えた路線から、番組はすっかり変わってしまったので書くのは大変だったと思います。

ですからなんとか彼に最終回を書いてもらおうと、上原さんと三人くらいで会って、色々と話し合ったんですね。それで上原さんが色々なことを言って、市川さんを励ましたんです。あの二人がまだ貧乏だった頃は、一つのインスタントラーメンを分け合って食べるくらい仲が良かったんですよ。ですから上原さんには感謝しています（注一）。

ある日、二機の円盤同士の戦いがあり、一機は追ってきたもう一機の攻撃を受け墜落、TACは調査のため直ちに現場に急行した。山の中には円盤の残骸が散乱していたが、搭乗者は発見出来なかった。しかし北斗の持っていた超獣探知機に反応があり、隊員達はそれを追った。

と、林の中でゾフィー、ウルトラマン、ウルトラセブンのお面を被った三人の少年達、タケシ（紺野秀樹）、ススム（高橋仁）、三郎（柳下達彦）が、宇宙人の子供を虐待している光景に出くわす。宇宙人の子供は墜落した円盤から脱出してきたのだった。竜隊長が、とりあえず宇宙人の子供を基地に連れて帰ろうと言うと、少年達が北斗に質問する。

「ねえ、そいつ、死刑にするの？」

「どうして？」

「だって、宇宙人だろう？」

「宇宙人なら、みんな死刑にしてもいいと思っているのか？」

北斗の強い口調に三人は黙る。そしてウルトラ兄弟ごっこをしていた彼らに、宇宙人の子供を虐めることは間違いだと説く。

「ウルトラ兄弟は、弱い者虐めはしない。何もしない宇宙人の子供を、わけもなく虐めたりはしない！……ウルトラ兄弟は、ゾフィも、マンも、セブンも、弱い者の味方なんだ！」

（注一）
この時期、上原正三は『ウルトラマンA』を降板していたが、橋本洋二がプロデューサーだった『熱血猿飛佐助』（七二年十月九日〜七三年四月九日）に市川森一とともに参加していた。

市川　最終回は、僕の中でウルトラマンの功罪の罪の部分を描いたつもりです。〝ウルトラシリーズ〟はさんざん、人類の平和のための戦いだ、というのを子供たちに植え付けてきたけれども、一体そこで歌い上げる〝正義〟というのは何なんだ？　正義の仮面さえ着ければ、弱いものイジメをしてもいいのか？　どんな殺戮も許されるのか？　ベトナム戦争なんてその最たるものじゃないか、と思ったんです。またそういうものがまだ色濃く残っていた時期ですからね。いわゆる一般で言う、二元論の正義感、正義と悪という単純なもので物事を判断させていく世界でいいのか？　そんな疑問もあったんで、ウルトラマンの仮面を付けた子供が、弱いものイジメをする。それをＴＡＣのメンバーが目の当たりにして愕然とする、というのをファーストシーンにしたんじゃないかな？　それでもし、そんなふうに受け止められたらそれは僕たちの罪だ、という懺悔の気持ちもあった。

（『KODANSHA Official File Magazine ULTRAMAN VOL.6』市川森一インタビューより）

どうやら宇宙人は、サイモン星人の子供のようだった。サイモン星人とは、かつてヤプールに侵略され、宇宙を追放された遊牧星人なのだ。

基地に向かうパンサーの車中、突如、サイモンが何かに怯えるかのように、頭の触角を点滅させ始める。と、上空に奇妙な光の輪が現れ、マザリュース、巨大ヤプール、ユニタング、マザロン人の姿が亡霊のように現れる。そして異次元人ヤプールの声が響き渡る（注二）。

（注二）
少年の一人が「カウラだ！」と叫ぶが、カウラは映像には登場しない。

「地球の空をさまよう超獣の亡霊達よ……。エースの手で空の塵となった幾多の超獣の怨霊よ……。ここに集まれ……！　今一度生き返るのだ……！　生まれ出でよ、ジャンボキング！」

様々な超獣達の亡霊（亡霊は脚本での表記）は、上空で一体となり、最強超獣ジャンボキングが誕生する！

市川森一がシリーズ終盤に残した二本、「ベロクロンの復讐」「明日のエースは君だ！」に共通するキーワードは怨念である。それはヤプールが滅んだ今、彼ら（と超獣達）を怨霊として再登場させるしか手がなかったのか、あるいは自身が生み出した設定を捨ててしまったことに対する反発だったのか、今、それを知る術はない。しかしこの二本で、あえてヤプールを復活させたのは、かつてのメインライターとしての意地であろう。

ＴＡＣはジャンボキングに攻撃を開始する。北斗はサイモンをかばって逃げるが、超獣の攻撃で負傷してしまう。そんな北斗を救ったのは、先ほどの少年達だった。少年達は、北斗とサイモンを彼らの秘密基地にかくまう。少年達はサイモンと仲直りし、怪我の手当をしようとするが、そのとき基地の無線機からヤプールの声が響き渡った。

「サイモンを引き渡せ。私はサイモンを追ってきたのだ。地球人には用はない！　もし、地球人がサイモンをかばうならば、地球人も私の敵だ！　サイモンを出せ。サイモンを私に渡せ。さもないと、この町を破壊して皆殺しにしてやるぞ」

町を壊されては困る。少年達は逡巡した。しかし「ウルトラ兄弟は、弱い者の味方なんだ」

という北斗の言葉を思い出し、サイモンをかばう意思を固める。

TACはジャンボキングに対し、総攻撃を仕掛けるが、その力は強大であえなく敗退する。そして破壊された町に、ヤプールの脅迫の言葉が響き渡るのであった。

「今日は町の半分を破壊した。あとの半分は明日まで取っておいてやろう。明日の朝八時までにサイモンを渡すのだ」

TACの分析で、ジャンボキングはこれまで戦ってきた色々な超獣達の最も強い部分を結集して再生された最強超獣であることが判明する。地上でバラバラにされた超獣達の分子は大気を浮遊している。ヤプールはそれを一箇所に集結させたのだ。だが、ジャンボキングを操っているヤプールがどこにいるのかは不明のままだった。

山中は、ここはサイモンを渡して様子を見た方がいいと言い出すが、北斗は反論する。

「待って下さい……。そんなことをしたら、あの少年達の気持ちを踏みにじってしまうことになります」

「いいか、ジャンボキングを倒す手がないとなれば、町を守る方法は、他にないじゃないか」

「家や町は……、また建て直すことも出来ます。しかし！　あの少年達の気持ちは……、一度踏みにじったら簡単には元には戻りません……。彼らは……、ウルトラの兄弟のように……、勇敢で優しい気持ちを持とうとしています……。その気持ちだけは、大切にしてやりたいと思います！」

そのやりとりを聞いていた竜隊長は、明日、細胞分解ミサイルを試してみると言う。だがそれは、まだ試作段階の武器なのだ。町も子供達の心も破壊させてはならない、それが竜の決意だった。

その夜、北斗が満天の星を仰ぎ、明日は必ずウルトラマンAになると意思を固めていると、そこに南の姿が浮かび上がる。

「星司さん……。もしあなたがウルトラマンAだということを誰かに知られたら、あなたは二度と人間の姿に戻れないのよ」

なぜ今、彼女はそんなことを? 北斗は疑問を抱く。だが南は、何も答えることなく夜空に消えていった。

南夕子の言葉は、かつてのパートナーへの助言というよりは、まるで母親が息子に語っている言葉のように筆者は感じる。あるいは市川は、聖母マリアのイメージを、南と重ねたのかもしれない。

その視点で「明日のエースは君だ!」を見ると、本作には母性が欠如しているように感じられる。もしこの場に南がいたならば、北斗の父性が戦うことの勇気を、南の母性が優しい心を持ち続けることの意味を、少年達に伝えていたに違いない。

男女合体変身について、もし変身のスタイルを変更せず最終回を迎えていたら、と仮定した上で、市川は以下のように記している。

僕はエースを存命させるつもりはありませんでした。北斗、南隊員は普通の男女になり、

2度とエースにはなれなくなる。つまり2人は人間として愛し合うようになり、変身することを放棄するんです。本気で愛することで神の力（エースの力）を必要としなくなり、エースは消え去ります。二人はTACを退任。結ばれて地方の牧場で生活を始めるか、もしくは故郷の広島に帰り、その後一児が誕生……そんなエピローグになったと思います。
（「市川森一 ウルトラシリーズを語る」より）

市川がこのプロットを考えたのは、番組の制作初期なのか、それとも降板した後のことなのか、寄稿文からはわからない。しかし南を最終回に登場させるのは、男女合体変身にこだわっていた市川にとって、当然の帰結だったのだろう。

翌日、再びジャンボキングが現れた。TACは細胞分解ミサイルを発射するが（注三）、ジャンボキングはその攻撃をものともしなかった。

少年達の秘密基地には、サイモンを守るために大勢の仲間が集まっていた。ジャンボキングが迫り、北斗と少年達はサイモンを連れて基地を脱出する。少年達を先に逃がし、北斗とサイモンが二人きりになったとき、北斗の耳に聞き覚えのある声が響いてきた。

「北斗星司よ。私の声に聞き覚えはないか……」

「ヤプール!?」

「その通り、ジャンボキングを操っているのは……この私だ！」

愕然とする北斗。

（注三）実際に発射されるのは、レーザー光線である。

「まんまと罠にかかったな。早く、みんなの前でエースになってやったらどうだ。北斗星司、いや、ウルトラマンA!」

北斗はタックガンを抜くが、そこへ少年達がやって来る。彼らにはサイモンに銃を向けている北斗の行動が理解出来ない。サイモンは勝ち誇って言う。

「(不敵に笑って)みんなの前で私を撃つがいい。誰も私をヤプールだとは信じていないぞ。私を撃てば、お前は子供達の信頼を裏切ることになるぞ……。人間の子供から優しさを奪い、ウルトラマンAを地上から抹殺することが、私の目的だったのだ!」

北斗は遂にタックガンの引き金を引いた!

サイモンを守れと言ったのに、なぜ殺したのか、こいつは超獣が恐くてサイモンを殺したんだ! 少年達は北斗を罵倒する。北斗は、サイモンの正体はヤプールで、テレパシーを使って自分に語りかけてきたと言うが、彼らは信じない。そして、北斗が言った優しさなどもう信じないと言い切る。

もはや北斗に残された手立てはなかった。彼は決心し、少年達に言う。

「……僕が奴のテレパシーをわかったのは……。それは僕が……、ウルトラマンAだからだ」

愕然とする少年達。そこへTACの隊員達もやって来る。

「見ていてくれ。これがウルトラマンA、最後の戦いだ!」

そして北斗は、ウルトラマンAに変身した!

エースとジャンボキングの死闘! エースはメタリウム光線を放ってジャンボキングを弱

らせた後、必殺のギロチンショットで超獣を倒す。

戦いが終わり、エースは少年達に語りかける。

「……優しさを失わないでくれ。弱い者をいたわり、互いに助け合い、どこの国の人達とも、友達になろうとする気持ちを失わないでくれ……。たとえその気持ちが、何百回裏切られようと……。それが、私の最後の願いだ」

夕暮れの空にスックと立ったエースは、その言葉を残し、故郷のM78星雲に帰って行った。

上原正三は、『帰ってきたウルトラマン』の最終回で〝ウルトラ5つの誓い〟を書いたが、ある誓いに関し、市川から叱られてしまったという。ウルトラ5つの誓いとは、以下の言葉である。

ひとつ、腹ペコのまま学校へ行かぬこと
ひとつ、天気のいい日に布団を干すこと
ひとつ、道を歩く時には車に気を付けること
ひとつ、他人の力を頼りにしないこと
ひとつ、土の上を裸足で走り回って遊ぶこと

市川が難色を示したのは、四番目の〝他人の力を頼りにしないこと〟だった。「人間は一人では生きていけないんだ」、市川は上原にそう語ったという。エースの最後の言葉は、ウ

ルトラ5つの誓いに対する、市川のアンサーでもあった。しかしそれ以上に、クリスチャンである氏の人となりがにじみ出た台詞である。『KODANSHA Official File Magazine ULTRAMAN VOL.6』のインタビューで、市川は最後のメッセージについて、以下のように証言している。

市川　それは『ウルトラマンA』に限らず、〝ウルトラシリーズ〟の中でも作り手の中にあり続けたんですよ。金城哲夫も上原正三も、佐々木守にも根底にはあった。今まで陰のテーマとして送り続けてきたものを表に出したのが、最終回であったわけです。

――あれほど慈愛に満ちたメッセージを残して去っていくウルトラマンは他にありません。

市川　ちょっとないですよね。普通のヒーローのメッセージにしては弱々しすぎるんですけど。普通は、どんな逆境にあっても正義の心を失ってはいけない、だとか、がんばれだとか、人類を守れ、ということになるんだけど、それはいいと。今までのものはフィクションだ。現実にはどんな人とも戦ってはいけない。（中略）聖書でキリストの弟子が、「私たちは何回裏切られたら、何回裏切られるまで、見放せばいいんですか」というキリストへの質問に、たとえそれが10回裏切られようと、100回裏切られようとも見捨てではいけない、というフレーズがあるんです。そのキリストの言葉を、少し置き換えて最後のメッセージにしたんですよ（注四）。

——『ウルトラマンA』というのは、市川さんにとって敗北宣言だったんでしょうか？

市川　企画変更中で挫折をしたことは事実なんですけれども、橋本さんの偉いところは、普通だとそのまま見捨てるんですが、そういうライターに最終回を発注した、ということですね。メインライターの義務を果たせ、ということ。だから『ウルトラマンA』の最終回を無理矢理にでも書かされたことで、本数は少ないけれども、『ウルトラマンA』のメインライターの面目を保ち続けたわけですよ。橋本さんが最終回を他の者でなく、僕に書かせてくれたお陰で、僕は敗北宣言をしなくてすんだわけです。

橋本としては、メインライターの責務を果たすことと同時に、『ウルトラマンA』が未来ある脚本家の傷になってはならないという考えもあったのではないだろうか。

市川森一は、『ウルトラマンA』を担当した頃から、活躍の場を子供番組から大人番組にシフトしていく。そしてやがて、テレビ界を代表する名ライターとしての地位を勝ち取る。『ウルトラマンA』はそこへ至る途上の、重要な地位を占める番組ではないだろうか。

（注四）
『マタイによる福音書』十八章二一～二二節〝そこでペテロが近よっていった、「主よ、わが兄弟がわたしに罪を犯したとき、何度ゆるしてやりましょうか。七度までですか」と。イエスは彼にいわれる、「私はは、『七度までとはいわず、七の七十倍まで』と〟のことだろう。〝七の七十倍〟とは、何度罪を犯しても無限に許せという意味。引用は『新約聖書』（前田護郎訳、中央公論社刊）に拠った。

あとがき、エピローグとともに

『ウルトラマンA』が始まった一九七二（昭和四七）年四月に、筆者は小学六年生になった。当時の感覚では、中学校に入ったらこういった怪獣ものを〝卒業〟しなくては、周りから白い目で見られる。そういう時代だった。

相変わらず怪獣ものは好きだったけれども、卒業するのは仕方のないことだ。自分が気兼ねなく見られるウルトラマンは、この『ウルトラマンA』が最後になるんだろうな、と近所の本屋で、小学館の学習雑誌を立ち読みしながら、ボンヤリとそんなことを考えていたのを昨日のように覚えている。

秋田では、『帰ってきたウルトラマン』の途中から、裏の秋田テレビで『ウルトラマン』の放送が始まった。シリーズ全話の放送は、故郷ではこれが初めてで、当時はどっちを見るかということで、クラスの話題になっていた。しかし六年生になると、そうした話題ものぼらなくなった。そんな時代である。

『ウルトラマンA』との再会は、七九年の三月だったか？ 唐突に番組の再放送が開始された。これは秋田で最初に再放送された第二期ウルトラシリーズ（当時の名称）である。ちょうど『実相寺昭雄監督作品 ウルトラマン』（三月十七日公開）の前後で、特撮もののブームが再燃しつつあった時期だった。しかし、この月の終わりに筆者は進学のため上京したので、

『ウルトラマンA』の再放送は三話ほどしか見られなかったのだが、生活環境が激変する直前の再会だったので、筆者にとって思い出の深い番組なのだ。

それにしても『ウルトラマンA』は評価の難しい番組である。男女合体変身や異次元人ヤプールの存在等、初期設定を生かし切れなかったことによる度重なる路線変更は、番組のトータルなイメージを曖昧にしてしまったのだ。

しかし個々のエピソードに目を向けると、優れた作品、注目すべき作品が多く、とくに傑作、秀作が集中していた山際永三、真船禎監督作品は魅力に溢れ、シリーズを牽引していたのである。

脚本に目を向けると、市川森一、上原正三、田口成光、石堂淑朗、長坂秀佳、石森史郎等、個性の強い作家陣のタッチが味わえ、バラエティに富んだ作品群を生み出していた。

つまり『ウルトラマンA』は、見方によって評価が真っ二つに分かれる作品なのだ。やはりその原因は、初期の設定を完遂出来なかったという点に尽きる。

以下は筆者の想像である。そもそも市川森一は『ウルトラマンA』をどのような番組にしたかったのだろう?

ヒントになるのは、第一話準備稿「緑の星に生まれた子よ!」だ。

「緑の星に生まれた子よ!」にはウルトラ兄弟も異次元人ヤプールも登場しない。上原正三が執筆した第二話準備稿「大超獣を越えてゆけ!」にもヤプールは登場しないことから、市川としてはシリーズ途中まで敵の正体を伏せておくという考えがあったのだろう。そして一クール目の半ば辺りで（あるいはクールの終わりまで引っ張ることも可能だろう）、敵の正体を明らかにするという構想だったのではないだろうか？

その場合、エースの危機、ウルトラ兄弟の登場（単体でも勢揃いでも）、敵の正体判明という流れを前後編で表現することも可能だったろう。南夕子の主役回も何話か登場したかもしれない。そして南は地球を去ることなく、北斗と結ばれる幻の最終回を迎える。

ところで『ウルトラシリーズ・サブキャラ大事典』の寄稿文には、ちょっと面白いことが書かれている。それは市川の降板時期のことだ。以下、引用する。

3クールに入った頃でしょうか、「合体はかったるいからやめよう」という話が出ました。南隊員は月に帰り、北斗隊員が1人でエースに変身するスタイルに変更されます。変更の理由や詳しい事情は聞かされませんでしたが、現場で何らかの支障が出ていたようです。すでに視聴率至上主義の時代でしたから、目標視聴率に達していなかったのかもしれません。高い視聴率を取るために、〝てこ入れ〟をする時期に来ていたんでしょう。

もちろん、僕は変更には反対でした。一部では、僕がプロデューサーと大ゲンカをしたと噂されているようですが、そんなことはありません。ただ、合体による変身は、僕が考えた設定の要（かなめ）だったので、僕自身が方向性を失ったのは確かです。従来の変身パターンに戻ってしまったわけで、興ざめしましたね。だから、「どうぞお好きなように……」って感じで手を引きました。（「市川森一ウルトラシリーズを語る」より）

寄稿文はこの後、「超獣狩り大作戦」の話題となる。以下、引用する。

エースの設定変更に伴い、幾つか題材がボツになりましたが、僕の生物科学兵器（原文ママ）を意識した「超獣狩り大作戦」もその1つ。準備稿の段階まで仕上げ、監督も山際永三氏にほぼ決まっていたんですが、書き直す気にはなれず、結局映像化には至りませんでした。

第一部に記した通り、本作は第四話として執筆されたもので、何らかの理由で制作が見送られた脚本だった。つまり時系列が事実と異なり、読み手としては混乱してしまう。準備稿のままで眠っていたという可能性もないわけではないが、その場合、設定変更までに書き直そうと思えば機会はいくらでもあったはずである。まして設定変更後となれば、わざわざ書き直す気にはならなかったのは当然であろう。ただ、この「超獣狩り大作戦」の記述（設定変更でボツになった）に関しては、おそらく市川の勘違いだろう。

降板時期に関しては、第十四話「銀河に散った5つの星」を書き終えた段階で、メインライターを降りたとは言い切れない。例えば第二部で引用した『KODANSHA Official File Magazine ULTRAMAN VOL.6』所収のインタビューで、市川は〝自分の作った設定通りにならないから、面白くなくなって書かなくなった〟という旨の証言をしている。

（注一）
もっとも市川森一は、最終回の他、終盤にももう一本脚本を担当している。また、レギュラーの突然の降板については、榊原るみはスケジュールの都合での降板で突然とは言えないのだが、岸田森に関してはそう言っていいだろう。

（注二）
三二年九月三日～二〇二二年十月十七日。脚本家・ディレクター・

〝自分の作った設定〟とは、やはり男女合体変身のことだろう。以下は仮説であるが、第十四話以降、市川ははっきり降板を口にしたわけではなく、宙ぶらりんの立場のままでいた可能性があるのではないだろうか。この時期、市川は橋本洋二がプロデューサーだった『刑事くん』『熱血猿飛佐助』に脚本で参加していたから、自然、『ウルトラマンA』の話は出ていただろうし、意見交換もあったと思う。それは『帰ってきたウルトラマン』を降板した上原正三が、その後、『シルバー仮面』に参加していたので、最終回を担当することに関する話し合いの場があったケースに似ている。

思えば『帰ってきたウルトラマン』と『ウルトラマンA』は、企画から終焉まで、似たような道筋をたどった作品だった。内容の差別化の苦労、前半戦での視聴率低迷、設定変更、レギュラーの突然の降板、メインライターの降板、そして最終回での復帰（注一）。

メインライターに関して言えば、上原正三は「怪獣使いと少年」の責任を取る形での降板だ。しかし市川森一の場合、様々な葛藤の末の降板なのだ。そして市川の葛藤は『ウルトラマンA』という番組自体の葛藤でもあった。番組は結果的にいくつもの試練をくぐり抜けなければならなかった。そしてその先に現れたのは、いわゆる第二期シリーズの中で最も突き抜けた明るさを持つ人気作、『ウルトラマンタロウ』だったのである。

最後に『ウルトラマン』の重要なクリエイターの一人である飯島敏宏監督（注二）と、『ウ

プロデューサー・作詞家・映画監督。TBS時代は『月曜日の男』（六一年七月十七日〜六四年七月二七日）『ウルトラQ』『ウルトラマン』といった大ヒット番組を手がけ、千束北男（千束北夫）のペンネームで脚本も担当する。七〇年、木下惠介プロダクション（後の木下プロダクション、ドリマックス・テレビジョン）にTBS社員として出向し、『木下惠介 人間の歌シリーズ』（七〇年四月十六日〜七七年三月三一日）では、プロデューサーと演出を手がけた。木下プロ時代にプロデューサーと演出を手がけ、不倫を題材とした『金曜日の妻たちへ』（八三年二月十一日〜五月十三日）は大ヒット、社会現象となった。監督、脚本を務めた映画に『怪獣大奮戦 ダイゴロウ対ゴリアス』、『ウルトラマンコスモス THE FIRST CONTACT』（〇一年）、『ホームカミング』（一一年）がある。

ルトラマンA』には特殊技術チーフとして参加し、見事な火薬効果で私達の目を楽しませてくれた、渡辺忠昭氏（注三）に本書を捧げる。

（注三）
四〇年八月九日～二〇二一年九月十六日。父が円谷英二の軍隊時代の上官だった縁で、五九年に東宝撮影所に入社、特殊技術課に配属される。デビューは同年の『日本誕生』（監督・稲垣浩）。以降、〇〇年の『ゴジラ×メガギラスG消滅作戦』（監督・手塚昌明）まで特殊技術を担当し、定年退職する。

『世界大戦争』（六一年、監督・松林宗恵）ではジェット戦闘機の噴射煙に四塩化チタンを使用し、『青島要塞爆撃命令』（六三年、監督・古澤憲吾）ではセメント爆破、『緯度0大作戦』（六九年、監督・本多猪四郎）では潜水艦の水流にフロンガスを使用するなど、新技術の開発にも力を注いだ。無類の酒好きでもあった。

参考資料（五十音順）

『市川森一 ファンタスティックドラマ集 夢回路』柿の葉会刊
『上原正三シナリオ選集』現代書館刊
『宇宙船』朝日ソノラマ刊
『ウルトラシリーズ・サブキャラ大事典』小河原一博　東京堂出版刊
『ウルトラ特撮 PERFECT MOOK vol.13 ミラーマン』講談社刊
『ウルトラマンA COMPLETE DVD BOX』封入特典 作品解説書
発売元：円谷プロダクション
『ウルトラマンA超獣事典』朝日ソノラマ刊
『ウルトラマン昇天 M78星雲は沖縄の彼方』山田輝子　朝日新聞社刊
『ウルトラマン大鑑』朝日ソノラマ刊
『ウルトラマン大全集Ⅱ』講談社刊
『ウルトラマンタロウ』ＤＶＤ第二巻ライナーノーツ
発売元：デジタルウルトラプロジェクト
『映画年間』時事通信社刊
『映画秘宝』洋泉社刊
『怪獣 ウルトラマンが育てた円谷プロ商法』円谷皐　世紀社出版刊
『怪獣少年の復讐』切通理作　洋泉社刊
『怪獣使いと少年 ウルトラマンの作家たち』切通理作　宝島社刊
『怪獣とヒーローを創った男たち』特撮映画研究会　辰巳出版刊
『学年誌ウルトラ伝説』小学館刊
『仮面ライダー大全』岩佐陽一　双葉社刊
『岸田森 夭逝の天才俳優・全記録』武井崇　洋泉社刊
『金城哲夫 ウルトラマン島唄』上原正三　筑摩書房刊
『金城哲夫シナリオ選集』アディン書房刊
『KODANSHA Official File Magazine ULTRAMAN』講談社刊
『昭和テレビ放送史（上・下）』志賀信夫　早川書房刊
『シルバー仮面・アイアンキング・レッドバロン大全—宣弘社ヒーローの世界』
岩佐陽一　双葉社刊
『新約聖書』前田護郎訳　中央公論社刊
『スペクトルマンVSライオン丸「うしおそうじとピープロの時代」』

鷲巣富雄　太田出版刊
『全怪獣怪人《上巻》』勁文社刊
『タケダアワーの時代』友井健人他　洋泉社刊
『調査情報』東京放送刊
『超人図鑑 国産架空ヒーロー四十年の歩み』竹書房刊
『円谷英二の映像世界』竹内博、山本真吾　実業之日本社刊
『円谷 THE COMPLETE』角川書店刊
『円谷皐 ウルトラマンを語る』円谷皐、鍋田紘亮　中経出版刊
『円谷プロ 怪奇ドラマ大作戦』洋泉社刊
『円谷プロ特撮大鑑』朝日ソノラマ
『TBS50年史』東京放送刊
『テレビ東京30年史』テレビ東京刊
『テレビ東京史 20世紀の歩み』テレビ東京刊
『東京12チャンネル15年史』東京12チャンネル刊
『東宝50年 映画・演劇・テレビ作品リスト』東宝刊
『東宝50年史』東宝刊
『特撮映画美術監督 井上泰幸』キネマ旬報社刊
『不死蝶 岸田森』小幡貴一、田辺友貴　ワイズ出版刊
『不滅のヒーロー ウルトラマン白書第2版』朝日ソノラマ刊
『僕らのウルトラマンA』辰巳出版刊
『幻の「長くつ下のピッピ」』高畑勲、宮崎駿、小田部羊一　岩波書店刊
『マルサン・ブルマァクの仕事 鏑三郎おもちゃ道』くらじたかし　文藝春秋刊
『マルサン物語 玩具黄金時代伝説』神永英司　朝日新聞出版刊
『メーキング・オブ・円谷ヒーロー1・2』講談社刊
『メーキング・オブ・東映ヒーロー1・3』講談社刊
『闇への憧れ〔新版〕』実相寺昭雄　復刊ドットコム刊
『夜ごとの円盤 怪獣夢幻館』実相寺昭雄　大和書房刊

他

19日　ロケハン

20日　ラッシュ

21日　Loc　8.00～YWCA～Ⓝ22.30

22日　Loc　10.00～公園、夕景　土手～17.00

23日　Loc　8.00～川崎操車場～Set～23.00

24日　Loc　9.00～YWCA～17.30

25日　Loc　8.00～YWCA～Ⓝ三栄土木～Set～3AM

26日　撮休

27日　Loc 8.00～渋谷つつじヶ丘、Ⓝ東宝～24.00

28日　中止　ラッシュ

29日　Loc　7.30～河原～17.00

30日　Loc Set　ダンのアパート、中表、Set小物～19.00

12月1日　撮休

2日　撮休

3日　Loc　実景銀座　9.00～病院～R夕景～18.00　編集

4日　AR　9.00～20.30 ㊲原稿入レ夕方（注5）

5日　編集

6日　編集　オールラッシュ㊳㊴

7日　㊲検定

11日　DB ㊳

12日　AR ㊵㊶　朝原稿入レ㊳

14日　朝㊳検定

15日　DB ㊴

（注1）
元々は東京発声映画製作所のスタジオだったが、1941年に同社を東宝映画が吸収合併したため、東宝映画第三撮影所となった。戦後、新東宝第二撮影所となり、富士映画撮影所を経て、60年代初頭に大蔵映画撮影所となった。この頃大蔵映画（現・オーピー映画）は、ピンク映画を量産していた。

74年、撮影所は閉鎖され、複合レジャー施設オークラランドとなり、現在に至る。

（注2）
東撮と言えば東映東京撮影所のことだが、この場合東宝撮影所だろう。事実、「超獣10万匹！奇襲計画」では、東宝撮影所で本館と呼ばれていたビルの前の噴水が画面で確認できる。八環とは東京都道311号環状八号線、通称〝環八《かんぱち》〟のこと。

（注3）
第15話「黒い蟹の呪い」、第16話「怪談・牛神男」のシナハン。

（注4）
砧《きぬた》公園にあった森。『チャタレイ夫人の恋人』に登場する森にちなんで名づけられた。円谷プロ作品の多くが、この森で撮影されている。

（注5）
〝原稿入レ〟とは、山際の記憶ではスクリプターが作成した完成台本（現場での台詞直しやシーンの変更を記入したもの）を指すものだろうとのこと。また、第37話の検定が12月7日で、放送日が15日なので、『ウルトラマンA』の仕上がりが押していたことがわかる。

23日　Set　小物　9.00～19.00
24日　撮休
25日　Loc　幼稚園8.00～黒川Ⓝ～6AM
26日　AR
27日　Ⓣ　天女　17.00～
28日　小物残　ラッシュ
29日　AR残（9AM）
8月1日　AR残（3PM）
3日　編集（10AM）
9日　編集（10AM）
10日　編集（9AM）オールラッシュ（6PM）
11日　編集（10AM）
12日　編集（10AM）

第28話「さようなら夕子よ、月の妹よ」、第29話「ウルトラ6番目の弟」

8月26日　子役オーディ　（1PM）
29日　美打合せ、子役、　夜TBS
30日　ロケハン（箱根）
31日　打合せ、子ども衣合せ、打合せ
9月1日　ロケハン（工場）
2日　Set　9.00～16.00　ロケハン
3日　Loc　8.00～ガス橋～Ⓝ～20.00
4日　Loc　8.00～是政・チャタレイ（注4）～18.00
5日　Loc　8.00～崖、墓地～18.00　ラッシュ
6日　Loc　13.00～チャタレイ～15.00　ラッシュ
7日　Loc　7.00～箱根～22.00　石葉亭一泊
8日　Loc　7.00～箱根～18.00
9日　Set　9.00～車内・小物～13.00、スチール　㋱実景
10日　休み
11日　編集（5PM）
12日　AR　9.00～19.00
13日　休み
14日　Ⓣ打合せ（3PM）

第38話「復活！ ウルトラの父」、第39話「セブンの命！ エースの命！」

11月17日　クランク イン　黒バック　美セン NO.5　8.00～22.00
18日　Ⓣ打合せ

第15話「黒い蟹の呪い」、第16話「怪談・牛神男」

5月25日　打合せ　東宝撮
26日　DB ⑩
27日　打合せ（11AM）　⑨検定（2PM）
子役オーディ（注・オーディションのこと）（3.30PM）
28日　衣合せ
29日　スタッフ打合せ（12AM）
30日　メインスタッフロケハン出発　12.30～　牛窓荘
31日　ロケハン　牛窓～吉備津～鷲羽山～牛窓荘　のみ屋
6月1日　準備　⑯話直し　本隊着　牛窓荘　のみ屋
2日　クランクイン　牛窓オリーブ園　8.00～18.00　牛窓荘　社長
3日　雨　マノン社前　牛窓荘内　寺中止　8.00～14.00　移動
鷲羽山櫃石島下電ホテル別館
4日　吉備津　8.00～18.00　⑮話直し　鷲羽山櫃石島下電ホテル別館
5日　ハイランド　児島　塩田　7.30～19.00
鷲羽山櫃石島下電ホテル別館
6日　下電ホテル先、大室～Ⓝ　8.00～1AM　鷲羽山ハイランド
7日　雨　10.00移動、吉村実家中　13.00～21.00　牛窓荘
8日　晴、本蓮寺など、吉村家表、スカイローズ　駅前　8.00～16.00　帰京
9日　休み
10日　新幹線　10.00～14.30
11日　休み
12日　Set　10.00～15.00　ラッシュ
13日　編集
14日　セミオール（6PM）

第21話「天女の幻を見た！」、第22話「復讐鬼ヤプール」

7月14日　ロケハン　⑯検定
15日　クランク・イン　Set　東京映画 9.00～17.30
16日　Loc　マンション 9.30～Set 美セン～16.00
17日　Loc　田園調布 10.00～Set 東京映画・林間～21.00
18日　Loc　8環 9.00～田園調布Ⓝ21.30
19日　寛組。
20日　Loc Set　大岡山 9.00～19.30
21日　Loc TBS　8.30～犬の件・黒川 Day・体育館～22.30
22日　Loc　幼稚園 10.00～17.00

17日　小物　9.00～
18日　AR
23日　NAどり　編集
25日　小物残（3PM～）
27日　(Ⓣクランクアップ)編集、AR残（8PM～）
28日　編集（朝～夜）～1PM～2AM
29日　編集
30日　編集　尺調　①②検定
31日　編集　尺調　オールラッシュ（1PM）　DB打合せ
4月3日　編集　ＴＢＳ（6PM）
4日　編集　onlyどり　編集～3AM
7日　DB③
8日　DB④
14日　円谷（2PM）検定（5PM）

第9話「超獣10万匹！ 奇襲計画」、第10話「決戦！ エース対郷秀樹」

4月15日　打合せ　東宝～東京映画
17日　ロケハン
18日　準備
19日　クランク・イン　Loc　8.00～体育館　成城　荒地～16.00
20日　Set　9.00～　Loc　雨中止～15.30　ロケハン
21日　Loc　8.00～希望ヶ丘空地・新宿～16.30
22日　撮休
23日　Loc　8.00～東撮・八環～Set～18.00（注2）
24日　Loc　8.30～病院～ラッシュ　ⓃLoc～21.00
25日　Loc　8.00～病院残～L.S～21.00　砧支所～トランポリン～17.00
26日　Set　9.00～17.00
27日　AR一部　L.S　10.00～マンション・小物～18.00
30日　AR
5月4日　写真打合せ（渋谷）
8日　小物撮（4PM）
9日～11日　岡山シナハン（注3）
16日　編集（11AM）TBS（6PM）
17日　編集（3PM）
18日　編集　オールラッシュ（6PM）
19日　編集
20日　編集（10AM）
23日　DB⑨

4日　湯沢Loc　6.00～16.00　帰京
5日　準備
6日　Set　8.00～21.30
7日　雪　L.S～Ⓝ　9.00～20.00
8日　柿生Loc　8.00～23.00
9日　大船Loc　8.00～20.00
10日　雪　Set　13.00～18.00
11日　渋谷Loc　午後中止
12日　AR　13.30～24.00
13日　Loc　稲城　9.00～14.00
14日　休み
15日　編集
16日　編集
17日　編集
19日　オール⑭
21日　DB　⑭
22日　オール⑮
27日　⑮DB（10AM　スタセン）（注・東宝録音センターのこと）

『ウルトラマンA』第3話「燃えろ！ 超獣地獄」、第4話「3億年超獣出現！」

3月1日　宣弘社　円谷打合わせ（菊池・関口）　渕（7PM）
2日　ロケハン　9.00（柿生付近）　オーディション（5PM）　ＴＢＳ
フローラル
3日　シルバー検定　ＴＢＳ（11.30AM）オール打合せ（東京映画）円谷
4日　ロケハン、衣合せ、Ⓣ打合せ、冬木打合せ　調布Q
5日　らん（2PM）　スタッフ打合せ（4PM）
6日　ロケハン奥多摩
7日　ロケハン　衣合せ　Ⓣ打合せ　林氏　市川宅
8日　クランク・イン　柿生Loc　8.00～17.00
9日　柿生Loc　8.00～21.00
10日　Set　アロー　9.00～21.00
11日　Loc　体育館・柿生　8.30～16.00　赤坂
12日　Loc　駐車場・品川　8.00～12.30　雨中止
13日　Loc　果物店　7.00～19.00
14日　Loc　白金　8.00～21.00
15日　Set　TAC本部　9.00～21.00
16日　Loc　高速・白金残　8.00～22.00